Michael Bakunin

AUSGEWÄHLTE SCHRIFTEN

Herausgegeben von Wolfgang Eckhardt

BAND 1

Michael Bakunin
Gott und der Staat

(1871)

Einleitung Paul Avrich

Karin Kramer Verlag
Berlin

Vorliegende Ausgabe erscheint mit Unterstützung der Bakunin Arbeitsgemeinschaft Berlin.
Herausgeber und Verlag danken insbesondere Jörg Asseyer, Paul Avrich, Ingeborg und Reinald Eckhardt, Michael Halfbrodt, Frank Hartz, Bas Moreel, Hans Müller-Sewing, Brigitta Restorff, Reinhold Straub und Siegbert Wolf für ihre freundliche Unterstützung.

Bibliographische Information der Deutschen Bibliothek
Die Deutsche Bibliothek verzeichnet diese Publikation in der Deutschen Nationalbibliographie; detaillierte bibliographische Daten sind im Internet über http://dnb.ddb.de abrufbar.

Niemetzstr. 19 – 12055 Berlin (Neukölln)
www.karin-kramer-verlag.de
Dritte Auflage 2009
ISBN 978-3-87956-222-0
Gesamtherstellung
leibi.de, 89233 Neu-Ulm

INHALT

Dem Oberlehrer am Friedrich-Werderschen Gymnasium zu Berlin, Dr. Wilhelm Mewes, sowie

den Oberlehrern Dr. Junghahn und Dr. Schmidt am Luisenstädtischen Gymnasium zu Berlin ist das Prädikat Professor beigelegt worden.

Der praktische Arzt Dr. med. Adolf Eberhardt zu Pr. Eylau ist zum Kreis-Wundarzt des Kreises Pr. Eylau ernannt worden.

Bekanntmachungen
auf Grund des Reichsgesetzes vom 21. Oktober 1878.

Auf Grund des §. 12 des Reichsgesetzes gegen die gemeingefährlichen Bestrebungen der Sozialdemokratie vom 21. Oktober 1878 wird hierdurch zur öffentlichen Kenntniß gebracht, daß die nichtperiodische Druckschrift: „Gott und der Staat. Dieu et L'état." Von Michael Bakunin. Uebersetzt von Moritz Bachmann. Philadelphia: Verlag der Gruppe II J. A. A. (H. Grau, 2146 N. 2 Str.) nach §. 11 des gedachten Gesetzes durch den Unterzeichneten als Landes-Polizeibehörde verboten worden ist.

Berlin, den 4. März 1885.

Der Königliche Polizei-Präsident.
von Madai.

Bekanntmachung.

Wir bringen hierdurch zur öffentlichen Kenntniß, daß der Königliche Markscheider z. D. Petri zu Fürstenwalde am 1. April d. J. in den Ruhestand treten wird und die ihm ertheilte Befugniß zur Ausführung von Markscheiderarbeiten am genannten Tage erlischt.

Halle, den 3. März 1885.

Königliches Ober-Bergamt.

In der heutigen Handelsregister-Beilage wird Nr. 10 der Zeichenregister-Bekanntmachungen veröffentlicht.

Nichtamtliches.

Deutsches Reich.

Bekanntmachung über das Verbot von ›Gott und der Staat‹ in Preußen (Deutscher Reichs-Anzeiger und Königlich Preußischer Staats-Anzeiger, Berlin, Nr. 56, 6. März 1885, S. 1)

Vorbemerkung zur ersten Auflage

Nach dem Zusammenbruch der parteikommunistischen Herrschaftssysteme in Osteuropa scheinen heute sämtliche Ideen und Vorstellungen, die einen emanzipatorischen Gesellschaftsentwurf beinhalten, gleichermaßen hinfällig. Diese angebliche »Krise des Sozialismus« ist aber in Wirklichkeit nur eine Krise des Staatskommunismus, der bekannten Mischung aus Militarismus, Bürokratie, Polizeistaat und Parteiherrschaft, die als sogenannter »real existierender Sozialismus« vielen Menschen in Osteuropa in unguter Erinnerung geblieben ist. Es bleibt aber festzuhalten, daß die Menschen gegen *dieses Herrschaftssystem* aufgestanden sind und nicht gegen Freiheit und soziale Gerechtigkeit; die Geschichte ist über *diese Regierungsform* hinweggegangen, nicht aber über die Frage nach einer Gemeinschaftsform, in der für alle Mitglieder der Gesellschaft ein menschenwürdiges Zusammenleben ohne Zwang möglich ist. Daher werden heute jene bisher angefeindeten und ignorierten Theoretikerinnen und Theoretiker für größere Kreise wieder aktuell, die bereits vor mehr als 100 Jahren prophetisch vor einer autoritären Verfälschung des Sozialismus als Staatsideologie gewarnt haben und stattdessen die Begriffe Dezentralisierung, Selbstverwaltung und Föderalismus in die sozialistische Debatte geworfen haben: die subversiven Theoretikerinnen und Theoretiker der Anarchie.

Die Anarchie — in der Regel als Synonym für Chaos und Unordnung mißbraucht — ist in Wirklichkeit eine Sozialphilosophie, die die Vorstellung einer herrschaftslosen Gesellschaftsordnung zu ergründen versucht. Spuren dieser Lebens- und Weltanschauung lassen sich bis in die Antike zurückverfolgen, die klassische Formulierung und begriffliche Zusammenfassung der anarchistischen Ideen wurde aber erst im 19. Jahrhundert vorgenommen. Michael Bakunin (1814-1876) gehörte zu jenen, die an der Herausbildung dieser Theorien maßgeblich beteiligt waren. Durch seine Ideen und seine mitreißende Tätigkeit ist er als Klassiker des herrschaftslosen Sozialismus in die Geschichte eingegangen. Und trotz der zeitlichen Differenz erweisen sich viele seiner Ideen bei näherer Untersuchung von ungebrochener Aktualität. Als Diskussionsgrundlage erscheint daher jetzt eine Neuedition seiner Texte unter dem Titel ›Ausgewählte Schriften‹, deren erster Band hiermit vorliegt.

In deutscher Sprache sind bereits viele Werke Bakunins erschienen, allerdings mitunter in ziemlich nachlässigen Ausgaben und auf schlechter Textgrundlage.[1] Die einzige mehrbändige deutschsprachige Veröffentlichung erschien in den 1920er Jahren unter dem Titel ›Gesammelte Werke‹[2] — sie wurde jedoch schon nach drei Bänden abgebrochen. Mit den ›Ausgewählten Schriften‹ wird nun versucht, ein neues Fundament für die Beschäftigung mit Bakunin zu schaffen: Neben den bekannteren Werken sollen auch schwer zugängliche oder in deutscher Sprache unveröffentlichte Texte herausgebracht werden.

Bakunins Ideen gehören zu den prägnantesten Zeugnissen des antiautoritären Sozialismus. Seine Werke hat er jedoch nicht als abstrakte Gedankenkonstruktionen verfaßt, sondern in der intensiven Auseinandersetzung mit seiner Zeit und im Zusammenhang mit seiner revolutionären Tätigkeit. Somit ist die Kenntnis seiner Biographie zum Verständnis seines Werkes von nicht zu unterschätzender Bedeutung. Dem historischen Hintergrund der Texte wird daher in den ›Ausgewählten Schriften‹ große Aufmerksamkeit gewidmet werden: Neben einem Anhang mit Dokumenten, die Bezug zu den jeweils veröffentlichten Schriften Bakunins haben, wird jeder Band eine ausführliche Einleitung erhalten, die zu einer Aufklärung des historischen

---

1 Vgl. Wolfgang Eckhardt: Michail A. Bakunin (1814-1876). Bibliographie der Primär- und Sekundärliteratur in deutscher Sprache. Libertad Verlag, Berlin, Köln 1994, Einleitung S. 7-23.

2 Michael Bakunin: Gesammelte Werke. 3 Bände. Verlag ›Der Syndikalist‹, Berlin 1921-1924.

und politischen Umfelds beitragen soll. Da in verschiedenen Sprachen bereits einige ausgezeichnete Studien und Abhandlungen zu bestimmten Themen und Abschnitten von Bakunins Biographie vorliegen, werden einige davon in den betreffenden Bänden der ›Ausgewählten Schriften‹ als Einleitung verwandt werden.

Zur Einleitung

Die vorliegende Einleitung von Paul Avrich wurde der amerikanischen Ausgabe von ›Gott und der Staat‹ aus dem Jahre 1970 entnommen.[3] Paul Avrich (geb. 4. August 1931 in New York) ist emeritierter Professor für Geschichte am Queens College der City University of New York und Autor zahlreicher Veröffentlichungen zum Anarchismus. Über Bakunin wurden von ihm folgende Arbeiten veröffentlicht: ›Bakunin and the United States‹,[4] ›The legacy of Bakunin‹[5] und ›Bakunin & Nechaev‹.[6] Ein Neudruck dieser Arbeiten erschien 1988 in seinem Sammelband ›Anarchist Portraits‹.[7]

Zum Text Bakunins

›Gott und der Staat‹ ist nicht nur Bakunins bekannteste Schrift, sondern auch eine der am weitesten verbreiteten Schrif-

---

3 Siehe Textnachweise auf S. 153.

4 In: International Review of Social History, Assen, Band 24, Nr. 3, 1979, S. 320-340.

5 In: The Russian Review, Stanford, Band 29, Nr. 2, April 1970, S. 129-142.

6 Paul Avrich: Bakunin & Nechaev. Freedom Press, London 1974; dt.: Bakunin und Netschajew. In: Unter dem Pflaster liegt der Strand. Hrsg. von Hans Peter Duerr. Band 4. Karin Kramer Verlag, Berlin 1977, S. 209-241.

7 Paul Avrich: Anarchist Portraits. Princeton University Press, Princeton 1988.

ten der libertären Literatur überhaupt.[8] Die erste Ausgabe wurde in einer von Elisée Reclus bearbeiteten Version im Jahre 1882 veröffentlicht[9] und danach in viele Sprachen übersetzt. Eine deutsche Ausgabe erschien 1884 in den USA,[10] da im Deutschen Reich während des Sozialistengesetzes (1878-1890) anarchistische Literatur weder gedruckt noch vertrieben werden durfte — entsprechend wurde diese Ausgabe in Preußen am 4. März 1885 verboten[11] (siehe Abbildung auf S. 8). Eine zweite deutsche Auflage brachte John Most im Juli 1891 in New York heraus.[12]

Das Originalmanuskript von ›Gott und der Staat‹ wurde erst im Jahre 1908 im dritten Band von Bakunins ›Œuvres‹[13] veröffentlicht und 1921 in einer Übersetzung von Erwin Rholfs im ersten Band der ›Gesammelten Werke‹ auf deutsch herausgebracht.[14] Die Übersetzung von Rholfs liegt dem in vorliegendem Band abgedruckten Text zugrunde.

---

8 Nach Max Nettlau gehört ›Gott und der Staat‹ zusammen mit Kropotkins Schrift ›An die jungen Leute‹ und Malatestas ›Unter Landarbeitern‹ zu den drei auflagenstärksten und am häufigsten übersetzten Schriften der libertären Literatur (Max Nettlau: Errico Malatesta. Das Leben eines Anarchisten. Verlag ›Der Syndikalist‹, Berlin 1922, S. 94).

9 Michel Bakounine: Dieu et l'État. Imprimerie jurassienne, Genf 1882. VII, 99 S.

10 Michael Bakunin: Gott und der Staat. Dieu et l'État. Uebersetzt von Moritz Bachmann. Verlag der Gruppe II I.A.A. (H. Grau), Philadelphia o.J. [1884]. 83 S.

11 Vgl. Verbotene Druckschriften in Deutschland. Hrsg. von Herbert Birett. Band 1: Die Sozialistengesetze. 1878-1918. Eine Dokumentation. Topos Verlag, Vaduz 1987, S. 159. – Nicht nur in Preußen hat ›Gott und der Staat‹ die Sicherheitskräfte beschäftigt: In Südkorea etwa war die Schrift noch 1986 verboten, vgl. Ha Ki-Rak: A History of Korean Anarchist Movement. Anarchist Publishing Committee, o.O. 1986, S. 182.

12 Mich. Bakunin: Gott und der Staat. John Müller, New York (Juli) 1891. 48 S. (Internationale Bibliothek; 17).

13 *Œuvres*, III, S. 18-131.

14 *Werke*, I, S. 94-148. g

Zum Anhang

- **Elisée Reclus: Vorwort zur französischen Erstausgabe (Genf 1882)**

In der im April 1882 erschienenen Erstausgabe von ›Gott und der Staat‹ (›Dieu et l'État‹) wurden Carlo Cafiero und Elisée Reclus als Herausgeber bezeichnet, tatsächlich dürfte jedoch Cafiero nur nominell beteiligt gewesen sein. So berichtete die Genfer Zeitschrift ›Le Révolté‹ im Jahr zuvor, am 25. Juni 1881:

> »Wir haben gerade mit dem Druck eines Manuskripts Bakunins begonnen, das unter seinen Papieren gefunden wurde. Der Genosse Elisée Reclus hat die Veröffentlichung dieses Manuskripts übernommen, das als Broschüre unter dem Titel: ›Dieu et l'Etat‹ erscheinen wird.«[15]

Dementsprechend dürfte auch das markante Vorwort zur Erstausgabe von ›Dieu et l'État‹ allein von Reclus verfaßt sein. Es erscheint hier erstmals ungekürzt in deutscher Sprache.

- **Zum Austritt aus der Landeskirche. Vorwort zur Ausgabe Berlin 1893**

Nach den ersten beiden deutschsprachigen Ausgaben von ›Gott und der Staat‹, die in den USA herausgekommen waren (siehe oben), erschien die Schrift erst 1893 in Deutschland selbst — und zwar in Form einer gekürzten Fassung.

Zunächst war der Text als Artikelserie im Berliner ›Sozialist‹ veröffentlicht worden, was sicher dem Einfluß Gustav Landauers zuzuschreiben ist. Anfangs stand die Redaktion des ›Sozialist‹ anarchistischen Ideen durchaus ablehnend gegenüber. Noch im August 1892 hatte die Redaktion auf einer Konferenz mit Berliner Anarchisten in Johannistal bei Berlin deren Forderung zurückgewiesen, das Blatt auch für ihre Interessen in Anspruch nehmen zu dürfen. Im Februar 1893 wurde jedoch Landauer mit der Redaktion des ›Sozialist‹ betraut und bewirkte zur Überraschung derer, die ihn berufen hatten, durch seine

---

15 *Archives*, VII, Einleitung, S. XXXI.

Redaktionspolitik und seine Diskussionsbeiträge eine Öffnung des ›Sozialist‹ für anarchistische Beiträge.[16] Dem entsprach auch, einen anarchistischen Klassiker wie Bakunin zu Wort kommen zu lassen, von dessen ›Gott und der Staat‹ in Frankreich gerade die zweite Auflage herausgekommen war.[17] Aus dieser Ausgabe wurden von April bis Mai 1893 in vier Folgen Auszüge publiziert.[18] In einer redaktionellen Vorbemerkung zur ersten Folge hieß es:

»Wir demonstriren am ersten Mai nicht nur gegen die wirthschaftlichen und politischen Einrichtungen unserer Gesellschaft, sondern gegen alles was geeignet ist die Knechtschaft aufrecht zu erhalten und ihr ein ideologisches Mäntelchen umzuhängen.

Dazu gehören vor allem auch die *religiösen* Überlieferungen und alles was von den Pfaffen den Kindern und Erwachsenen eingetrichtert wird, um die fromme Genügsamkeit der Massen zu erhalten. Jeder, der am ersten Mai dafür eintritt, daß es ihm und der Menschheit auf Erden wohlgeht, der demonstrirt damit, selbst wenn es Manchem nicht bewußt sein sollte, gegen das düstere Tuch, das seit Jahrtausenden vom Himmel auf die Erde herabhängt und ihre Freuden und Kulturfortschritte erdrücken will. Es soll ja freilich vorgekommen sein, daß in den dunkelsten Kohlen-

---

16 Vgl. Ulrich Linse: Organisierter Anarchismus im deutschen Kaiserreich von 1871. Duncker & Humblot, Berlin 1969, S. 50. Hans Manfred Bock: Geschichte des ›linken Radikalismus‹ in Deutschland. Ein Versuch. Suhrkamp Verlag, Frankfurt am Main 1976, S. 69-71. Hans Manfred Bock: Die ›Literaten- und Studenten-Revolte‹ der Jungen in der SPD um 1890. In: Das Argument. Zeitschrift für Philosophie und Sozialwissenschaften, Karlsruhe, Nr. 63, 13. Jg., Heft 1/2, März 1971, S. 22-41, besonders S. 31.

17 Michel Bakounine: Dieu et l'État. Preface de É. Reclus et C. Cafiero. Deuxième édition. Au bureau de la Révolte, Paris 1893. IX, 100 S.

18 Der Sozialist. Organ der Unabhängigen Sozialisten, Berlin, 3. Jg., Nr. 18, 29. April bis 1. Mai 1893, S. 4 (›Ein Kapitel über die Religion‹), Nr. 19, 6. Mai 1893, S. 2 (›Idealismus und Knechtschaft‹), Nr. 20, 13. Mai 1893, S. 4 (›Idealismus oder Materialismus?‹), Nr. 21, 20. Mai 1893, S. 2 (›Offizielle Wissenschaft und Knechtschaft‹).

bezirken Schlesiens die Arbeiter, bevor sie zur Maifeier gingen, sich in der Kirche eine Messe lesen ließen und eine solche rührende Mischung von gläubiger Einfalt und irdischem Trotz ist uns sympathischer als die Stellung von Leuten, die mit allem Kirchlichen gebrochen haben, aber streikende Bergarbeiter verleugnen, weil sie — Ultramontane[19] seien.

Einer der hervorragendsten Kämpfer gegen die Unfreiheit auf allen Gebieten war Michael Bakunin. Wir veröffentlichen im Folgenden einen Abschnitt aus seiner Broschüre: Gott und der Staat, die jüngst in Paris [...] in neuer Auflage erschienen ist und die in Deutschland fast ganz unbekannt geblieben ist.«[20]

Diese Artikelserie mit Auszügen aus ›Gott und der Staat‹ wurde im Oktober 1893 separat als Broschüre veröffentlicht[21] mit einem anonymen Vorwort unter dem Titel ›Zum Austritt aus der Landeskirche‹, das ebenfalls zuvor als Artikel im ›Sozialist‹ erschienen war.[22] Welchen genauen Anteil Landauer an der Übersetzung und Zusammenstellung des Textes dieser Ausgabe von ›Gott und der Staat‹ genommen hat, kann nur spekuliert werden. Der als Vorwort benutzte Artikel ›Zum Austritt aus der Landeskirche‹ scheint jedenfalls nicht von ihm verfaßt zu sein.

---

19 Ultramontane: Anhänger des Papsttums.

20 Der Sozialist. Organ der Unabhängigen Sozialisten, Berlin, 3. Jg., Nr. 18, 29. April bis 1. Mai 1893, S. 4.

21 Michael Bakunin: Gott und der Staat. (Dieu et l'état). (Auszüge.) Ein Wort zum Austritt aus der Landeskirche. Herausgeber: Albert Brock. Druck und Verlag W. Werner, Berlin o.J. [1893]. 20 S. – Die Broschüre wurde erstmals angeboten in Der Sozialist. Organ aller Revolutionäre, Berlin, 3. Jg., Nr. 42, 14. Oktober 1893, Beilage, S. 2: »Agitationsschrift zum Austritt aus der Landeskirche. Soeben erschienen: Gott und der Staat. Von Michael Bakunin. (Separat-Abdruck aus dem ›Sozialist‹.) Mit einem Vorwort zum Austritt aus der Kirche. Verkaufspreis 5 Pf., bei größeren Posten 4 Pf. pro Exemplar.«

22 Der Sozialist. Organ aller Revolutionäre, Berlin, 3. Jg., Nr. 38, 16. September 1893, S. 1.

Auf originelle Weise wurde die Broschüre im darauffolgenden Jahr, am 17. Dezember 1894, im Deutschen Reichstag besprochen, als ein Staatssekretär des Reichsjustizamts den Abgeordneten erklärte:

»Ich habe hier wieder ein Flugblatt,[23] es ist von dem bekannten Bakunin, auch aus älterer Zeit, aber eine ganz moderne Waffe, die noch heute gebraucht wird. Man bringt die Sachen unter das Volk, um sie zur Lektüre für die große Masse zu machen. Meine Herren, diese Flugschrift heißt: ›Gott und der Staat‹, und verbreitet sich darüber, ob denn in der That der Staat berechtigt ist, und was denn überhaupt an dem Gottesideal sei, was es denn mit der Religion auf sich habe«.[24]

Diese Ausgabe von ›Gott und der Staat‹ erlebte in den folgenden vier Jahrzehnten eine Vielzahl von Neuauflagen. Das Vorwort ›Zum Austritt aus der Landeskirche‹ wurde dabei mit nur einer Ausnahme immer mitveröffentlicht.[25]

- **Max Nettlau: Einleitung zur Ausgabe Leipzig 1919**

Nachdem im Jahre 1908 das französische Originalmanuskript von ›Gott und der Staat‹ (im dritten Band der ›Œuvres‹, siehe oben) erschienen war, übersetzte der bekannte Bakuninforscher Max Nettlau (1865-1944) den Text im Juni-Juli 1914 ins Deutsche. Die Veröffentlichung verzögerte sich jedoch durch den

---

23 Richtiger wäre: eine Flugschrift.

24 Aus der Rede des »Bevollmächtigten zum Bundesrath« Rudolf Arnold Nieberding (1893-1909 Staatssekretär im Reichsjustizamt). – Stenographische Berichte über die Verhandlungen des Reichstags. IX. Legislaturperiode. III. Session. 1894/95. Band 1. Druck und Verlag der Norddeutschen Buchdruckerei und Verlags-Anstalt, Berlin 1895, S. 178-179. Vgl. auch Max Nettlau: The Life of Michael Bakounine. Michael Bakunin. Eine Biographie. Privately printed (reproduced by the Autocopyist) by the author, London 1896-1900, S. +235.

25 Vgl. Wolfgang Eckhardt, a.a.O. (Anm. 1), Primärliteratur: (8), (9), (13), (14), (18), (19) und (22). Nur in (22) fehlt das Vorwort.

Ersten Weltkrieg bis zum Juni 1919.[26] Seine Einleitung zu dieser ersten textkritischen Ausgabe in deutscher Sprache[27] erscheint hier als eine der gehaltvollsten Arbeiten zum Thema.

Berlin, im Januar 1995 Wolfgang Eckhardt

---

26 Vgl. Max Nettlau: Biographische und bibliographische Daten. In: International Review of Social History, Assen, Band 14, Nr. 3, 1969, S. 472.

27 Michael Bakunin: Gott und der Staat. Nach dem Manuskript von 1871 neu übersetzt und eingeleitet von Max Nettlau. Verlag von C. L. Hirschfeld, Leipzig 1919. 84 S. (Hauptwerke des Sozialismus und der Sozialpolitik. Neue Folge. Hrsg. von Carl Grünberg, 2. Heft. Der gesamten Reihe XII. Heft).

Abkürzungen, abgekürzte Quellennachweise, Zeichenerklärung

Archives	Archives Bakounine. Hrsg. von Arthur Lehning. E. J. Brill, Leiden 1961-1981. Band 1: Michel Bakounine et l'Italie (1871-1872). Teil 1: La polémique avec Mazzini. Teil 2: La Première Internationale en Italie et le conflit avec Marx. Band 2: Michel Bakounine et les conflits dans l'Internationale (1872). Band 3: Gosudarstvennost' i Anarchija. Étatisme et Anarchie (1873). Band 4: Michel Bakounine et ses relations avec Sergej Nečaev (1870-1872). Band 5: Michel Bakounine et ses relations slaves (1870-1875). Band 6: Michel Bakounine sur la guerre franco-allemande et la révolution social en France (1870-1871). Band 7: L'Empire knouto-germanique et la révolution sociale (1870-1871).
Briefwechsel	Michail Bakunins Sozial-politischer Briefwechsel mit Alexander Iw. Herzen und Ogarjow. Hrsg. von Michail Dragomanow. Verlag der I. G. Cotta'schen Buchhandlung Nachfolger, Stuttgart 1895.
dt.	deutschsprachige Ausgabe
Œuvres	Michel Bakounine: Œuvres. 6 Bände. Hrsg. von Max Nettlau (Band 1) und James Guillaume (Band 2-6). P.-V. Stock, Éditeur, Paris 1895-1913.
Unterhaltungen mit Bakunin	Unterhaltungen mit Bakunin. Hrsg. von Arthur Lehning. Franz Greno, Nördlingen 1987.
Werke	Michael Bakunin: Gesammelte Werke. 3 Bände. Verlag ›Der Syndikalist‹, Berlin 1921-1924.

[ ]	Alle Angaben in eckigen Klammern sind Ergänzungen des Herausgebers.
Anmerkungen:	
... 5	Anmerkung des Autors des jeweiligen Textes (als Fußnote auf derselben Seite).
... +5	Anmerkung des Herausgebers (am Ende des Bandes ab S. 139), (vgl. Textnachweise).

Paul Avrich
Einleitung

Dieser Mensch wurde unter keinem gewöhnlichen Stern geboren, sondern unter einem Kometen.

Alexander Herzen

Nahezu ein Jahrhundert ist es her, seit Michael Bakunin das Werk verfaßt hat, das seine meistgerühmte Broschüre werden sollte: ›Gott und der Staat‹. Zu dieser Zeit trat der Anarchismus als gewichtigere Kraft innerhalb der revolutionären Bewegung auf die Bildfläche, und der Name Bakunins, seines herausragenden Streiters und Propheten, war unter den Arbeitern und den radikalen Intellektuellen Europas ebenso bekannt wie der von Karl Marx, mit dem er um die führende Rolle innerhalb der Ersten Internationale stritt.

Im Gegensatz zu Marx hatte sich Bakunin seinen Ruf hauptsächlich als ein Aktivist denn als Theoretiker der Rebellion erworben. Er wurde 1814 in den russischen Landadel hineingeboren, aber schon als junger Mann schlug er die Offizierskarriere aus und verzichtete auf sein adliges Erbe zugunsten einer Laufbahn als Berufsrevolutionär. Im Alter von 26 Jahren verließ er 1840 Rußland und widmete fortan sein Leben dem Kampf gegen die Tyrannei in allen ihren Formen. Er gehörte nicht zu denen, die gerne in Bibliotheken sitzen und über vorherbestimmte Revolutionen forschen und schreiben. In die Aufstände von 1848 stürzte er sich mit ungeduldigem Tatendrang und wildem Enthusiasmus — wie eine Prometheus-Gestalt, die sich von Paris bis zu den Barrikaden in Österreich und Deutschland vom Wellenschlag der Revolte tragen ließ. Menschen wie Bakunin, hat ein Mitstreiter einmal bemerkt, »wachsen im Sturme und reifen besser im Ungewitter als im

Sonnenschein«.[1] Seine Verhaftung während des Dresdner Aufstandes von 1849 bereitete seiner fieberhaften revolutionären Aktivität aber ein jähes Ende. Die folgenden acht Jahre verbrachte er im Gefängnis, davon sechs Jahre in den dunkelsten Kerkern des zaristischen Rußlands, und als er entlassen wurde, nachdem sein Urteil in lebenslängliche Verbannung nach Sibirien geändert worden war, hatte er infolge von Skorbut alle Zähne verloren und befand sich gesundheitlich in schlimmer Verfassung. Im Jahre 1861 entkam er jedoch seinen Bewachern in einer aufsehenerregenden Odyssee per Schiff, die ihn um den ganzen Erdball führte und seinen Namen zur Legende und zum Gegenstand der Verehrung in den radikalen Gruppen ganz Europas werden ließ.

Als romantischer Rebell und aktive Kraft in der Geschichte verfügte Bakunin über eine persönliche Anziehungskraft, mit der Marx als Rivale niemals mithalten konnte. »Alles war an ihm kolossal«, erinnerte sich der Komponist Richard Wagner, ein Mitstreiter des Dresdner Aufstandes, »mit einer auf primitive Frische deutenden Wucht«.[2] Bakunins »Liebe zu phantastischen, zu ungewöhnlichen, unerhörten Abenteuern, die grenzenlose Horizonte eröffnen«,[3] um seine eigenen Worte zu benutzen, haben außergewöhnliche Träume bei anderen geweckt, und zum Zeitpunkt seines Todes 1876 hatte er eine einzigartige Position unter den Abenteurern und Märtyrern der revolutionären Überlieferung erlangt. Sein allumfassender Großmut und

1 Adolf Reichel an Bakunin, 19. April 1850. In: Josef Pfitzner: Bakuninstudien. Verlag der Deutschen Gesellschaft der Wissenschaften und Künste für die Tschechoslowakische Republik, Prag 1932, S. 228.

2 Richard Wagner: Mein Leben. Hrsg. von Martin Gregor-Dellin. Paul List Verlag, München 1963, S. 451.

3 Michael Bakunins Beichte aus der Peter-Pauls-Festung an Zar Nikolaus I. Gefunden im Geheimschrank des Chefs der III. Abteilung der Kanzlei der früheren Zaren zu Leningrad. Hrsg. von Kurt Kersten. Deutsche Verlagsgesellschaft für Politik und Geschichte, Berlin 1926, S. 47.

sein jugendlicher Enthusiasmus, seine brennende Leidenschaft für Freiheit und Gleichheit, seine vulkanischen Attacken gegen Privilegien und Ungerechtigkeit — all das verlieh ihm eine außergewöhnlich hohe Anziehungskraft in den libertären Zirkeln seiner Zeit.

Bakunin war jedoch, wie seine Kritiker nie müde wurden zu betonen, kein systematischer Denker, und dies hat er auch nie beansprucht. Denn er sah sich selbst als Revolutionär der Tat, nicht »als Philosophen, und auch nicht als Erfinder eines Systems wie Marx.«[4] Er weigerte sich, die Existenz vorausgedachter oder vorherbestimmter Gesetze der Geschichte anzuerkennen. Er lehnte jene Sicht der Dinge ab, nach der sozialer Wandel von der allmählichen schrittweisen Entwicklung »objektiver« historischer Bedingungen abhänge. Er glaubte im Gegenteil, daß die Menschen sich ihre Bestimmung selbst geben und daß ihr Leben nicht in das Prokrustesbett[+1] abstrakter soziologischer Formeln gezwungen werden könne. »Keine Theorie, kein fertiges System, kein geschriebenes Buch wird die Welt erlösen«, führte Bakunin aus, »ich gehöre zu keinem System, — ich bin ein aufrichtig Suchender«.[5] Indem er den Arbeitern Theorien beibringe, würde Marx — so Bakunin — nur erreichen, daß die revolutionäre Glut, die jeder Mensch von vornherein in sich trage, erstickt würde — nämlich »der Trieb zur Freiheit, die Leidenschaft der Gleichheit, die heilige Empörung«.[6] Im Gegensatz zu Marx' »wissenschaftlichem« Sozialismus entsprang Bakunins eigener Sozialismus, worauf er selbst immer bestand, »nur aus dem Instinkt«.[7]

Bakunins Einfluß war demzufolge — wie Peter Kropotkin einmal bemerkt hat — eher der einer »moralischen Persönlich-

---

4 Lettre à Anselmo Lorenzo, 7 mai 1872, S. 3. In: Bakounine: Œuvres complètes [sur CD-ROM]. Textes préparés à l'Institut international d'Histoire sociale. Edita-KNAW, Amsterdam 2000.

5 Lettre à Mathilde Reichel, 11 mai 1850, S. 2. In: Ebd.

6 *Werke*, I, S. 60.

7 *Werke*, III, S. 211.

keit«[8] als einer intellektuellen Autorität. Obwohl er erstaunlich viel schrieb, hinterließ er der Nachwelt kein einziges fertiges Buch. Ständig begann er neue Schriften, die — aufgrund seiner turbulenten Lebensweise — in der Mitte jäh abgebrochen und dann nie vollendet wurden. Sein schriftstellerisches Werk stellt nach den Worten Thomas Masaryks eine »Fragmentensammlung«[9] dar. Und dennoch — wie sprunghaft und unmethodisch seine Schriften auch sein mögen, sind sie nichtsdestoweniger ein wahres Feuerwerk an Einsichten, die auf die wichtigsten sozialen Fragen seiner Zeit — und der unseren — ein erhellendes Licht werfen.

›Gott und der Staat‹ ist dafür ein ganz hervorragendes Beispiel: Es erscheint unzusammenhängend, voller Wiederholungen, kaum strukturiert und mit vielen Abschweifungen und langen Fußnoten, die dahin tendieren, die eigentliche polemische Stoßrichtung abzuschwächen. Trotz allem erweist sich die Schrift als kraftvoll und energiegeladen, und sie ist mit einer ganzen Reihe von fesselnden Aphorismen gespickt, die von Bakunins bemerkenswerter intuitiver Veranlagung zeugen. Entsprechend wurde ›Gott und der Staat‹ das am meisten gelesene und am häufigsten zitierte aller Werke Bakunins. Aber der vielleicht wichtigste Grund für seine Popularität besteht darin, daß das Buch in lebendiger Sprache und bei verhältnismäßig kurzem Umfang die grundlegenden Bestandteile der anarchistischen Weltanschauung Bakunins darlegt.

Der Grundgedanke von ›Gott und der Staat‹ liegt in Bakunins Zurückweisung von Autorität und Zwang in jedweder Form. In einem vernichtenden Abschnitt des Werkes schleudert er seinen ganzen Zorn auf »alle Folterer, Unterdrücker und Ausbeuter der Menschheit. Geistliche, Monarchen, Staatsmänner, Krieger, öffentliche und private Finanziers, Beamte aller Art,

8 *Unterhaltungen mit Bakunin*, S. 419.
9 Thomas G. Masaryk: Zur russischen Geschichts- und Religionsphilosophie. Soziologische Skizzen. Band 2. Eugen Diederichs Verlag, Jena 1913, S. 34.

Polizisten, Gendarmen, Kerkermeister und Henker, Monopolisten, Kapitalisten, Steuereintreiber, Unternehmer und Hausbesitzer, Advokaten, Ökonomisten, Politiker aller Farben, bis zum letzten Philister«.[10] Die Hauptinstitutionen aber, die den Menschen versklaven — »meine beiden bêtes noires«,[11] so nennt er sie — sind Kirche und Staat. Noch jeder Staat ist ein Instrument gewesen, durch das eine privilegierte Minderheit Macht über die übergroße Mehrheit erlangt hat. Und jede Kirche ist bei der Unterwerfung der Menschheit ein loyaler Verbündeter des Staates gewesen. In der gesamten Geschichte haben die Regierungen die Religion sowohl dazu benutzt, die Menschen in Unwissenheit zu halten, als auch als »Sicherheitsventil«[12] für Elend und Unzufriedenheit unter den Menschen. Obendrein besteht die wahre Quintessenz[+2] der Religion in der Herabwürdigung der Menschheit zur höheren Ehre Gottes. »Da Gott alles ist«, schreibt Bakunin, »sind die wirkliche Welt und der Mensch nichts. Da Gott die Wahrheit, die Gerechtigkeit, das Gute, das Schöne, die Macht und das Leben ist, ist der Mensch die Lüge, das Schlechte, das Übel, die Häßlichkeit, die Ohnmacht und der Tod. Da Gott der Herr ist, ist der Mensch der Sklave.«[13] Ebenso wie der Staat bedeutet auch die Religion folglich die Negation von Freiheit und Gleichheit. Wenn Gott also wirklich existierte, folgert Bakunin in Umkehrung eines berühmten Ausspruchs Voltaires, »*müßte man ihn beseitigen.*«[14]

Bakunin rief zu einem allumfassenden Kampf gegen Kirche und Staat auf. Wenn die Menschen frei sein wollen, so müssen sie das doppelte Joch von geistlicher und weltlicher Autorität abschütteln. Um dies zu bewerkstelligen, müssen sie den »wertvollen Fähigkeiten«,[15] mit denen sie ausgestattet sind, zum Durchbruch verhelfen: der Fähigkeit zu denken und dem

---

10 Siehe vorliegenden Band, S. 42.
11 Siehe vorliegenden Band, S. 60.
12 Siehe vorliegenden Band, S. 42.
13 Siehe vorliegenden Band, S. 49-50.
14 Siehe vorliegenden Band, S. 54.
15 Siehe vorliegenden Band, S. 33-34.

Bedürfnis sich zu empören. Die menschliche Geschichte selbst begann mit einem Akt des Denkens und der Empörung. Wenn Adam und Eva dem Allmächtigen gehorcht hätten, als er ihnen verbot, vom Baum der Erkenntnis zu essen, dann wäre die Menschheit zu ewiger Sklaverei verdammt gewesen. Aber Satan — »der ewige Rebell, der erste Freidenker und Weltenbefreier«[16] — überredete sie dazu, von der Frucht der Erkenntnis und Freiheit zu kosten. Eben diese Waffen — Vernunft und Empörung — müssen jetzt gegen die Kirche und den Staat gerichtet werden. Und wenn diese niedergerungen sind, wird für die Menschheit ein neues Eden, ein neues Zeitalter von Freiheit und Glück beginnen.

Aber das Werk der Befreiung, warnt Bakunin, wird nicht leicht sein. Denn schon ist eine neue Klasse aufgetaucht, deren Ziel es ist, die Massen in Unwissenheit zu halten, um sie beherrschen zu können. Diese Möchtegern-Unterdrücker sind die Intellektuellen, allen voran Marx und seine Anhänger, die »Opferpriester« der Wissenschaft,[17] die mit der Weihe einer neuen privilegierten Kirche höherer Bildung versehen sind. Die Herrschaft der Intellektuellen würde Bakunin zufolge nicht minder unterdrückend sein als die Herrschaft der Könige, Priester oder Privateigentümer. Die Regierung durch eine Bildungselite, insofern ähnlich dem schlimmsten religiösen und politischen Despotismus der Vergangenheit, »kann nur ohnmächtig, lächerlich, unmenschlich, grausam, unterdrückend, ausbeutend und verheerend sein.«[18]

Mit dieser Warnung nahm Bakunin die Kennzeichnung als »neue Klasse« vorweg, mit der Marxens Erben im 20. Jahrhundert von ihren Kritikern versehen werden sollte. Er griff die Theoretiker und Systemerfinder an, deren sogenannte Gesellschaftswissenschaft das wirkliche Leben auf dem Altar scholastischer Abstraktionen opfert. Er weigerte sich, die Phantasie-

16 Siehe vorliegenden Band, S. 34.
17 Siehe vorliegenden Band, S. 88.
18 Siehe vorliegenden Band, S. 85.

gebilde von Religion und Metaphysik zu verbreiten, nur um feststellen zu müssen, wie diese durch die neuen Phantastereien der pseudowissenschaftlichen Soziologie ersetzt würden. Aus diesem Grunde rief er auf zur »*Empörung des Lebens gegen die Wissenschaft oder vielmehr gegen die Herrschaft der Wissenschaft*«.[19] Denn die wirkliche Bestimmung von Wissenschaft und Bildung, darauf bestand Bakunin, liege nicht darin, Menschen zu regieren, sondern sie dem Aberglauben, der Plackerei und der Krankheit zu entreißen. »Mit einem Wort«, so schreibt er in ›Gott und der Staat‹, »die Wissenschaft ist der Kompaß des Lebens, aber sie ist nicht das Leben.«[20] Aber wie ist diese neue Form des Despotismus zu vermeiden? Dadurch, so Bakunins Antwort, daß die Bildung aus der Monopolstellung in den Händen der privilegierten Klassen befreit und sie jedermann gleichermaßen zugänglich gemacht werde. Wie das Kapital so müsse auch die Bildung aufhören, das Erbteil einiger weniger zu sein, und zur Erbschaft aller Menschen werden, »damit die Massen aufhören, von bevorrechteten Hirten geführte und geschorene Herden zu sein, und von jetzt ab ihr Schicksal selbst in die Hand nehmen können.«[21]

Dies war die mächtige Botschaft, die von ›Gott und der Staat‹ ausging. Aber das Buch erschien erst 1882, sechs Jahre nach Bakunins Tod, nachdem das Manuskript unter seinen Papieren von zwei bekannten Anarchisten, Carlo Cafiero und Elisée Reclus, gefunden worden war. In seinen letzten Lebensjahren, als seine libertären Lehren eine Blütezeit erlebten, waren sie in enger Verbindung mit ihm gewesen. Das Manuskript bricht mitten im Satz ab, und Cafiero und Reclus unternahmen es, wie sie in ihrem Vorwort[22] berichten, nach dem Rest zu suchen, weil sie glaubten, es handle sich dabei um den Teil eines Briefes oder eines Berichts. Aber ihre Anstrengungen waren vergeb-

19 Siehe vorliegenden Band, S. 91.
20 Siehe vorliegenden Band, S. 84.
21 Siehe vorliegenden Band, S. 95.
22 Siehe vorliegenden Band, S. 115-119.

lich, und so brachten sie den bruchstückhaften Text in Genf als Broschüre heraus, nachdem sie ihm den Titel ›Dieu et l'État‹ (Gott und der Staat) gegeben hatten, unter dem er berühmt werden sollte. Sie vermuteten nicht — noch sollten sie jemals erfahren —, daß das Manuskript in Wirklichkeit ein unveröffentlichter Bestandteil von ›Das knutogermanische Kaiserreich und die soziale Revolution‹ war, einer ehrgeizigen Arbeit, an der Bakunin zwischen 1870 und 1872 in unregelmäßigen Abständen immer wieder gearbeitet hat, ohne jemals zu einem Abschluß gelangt zu sein.

›Das knutogermanische Kaiserreich‹ — der Titel bezieht sich auf die unheilige Allianz zwischen dem russischen und dem deutschen Autoritarismus bei der Niederschlagung des sozialen Fortschritts — ist eines von Bakunins längsten und wichtigsten schriftstellerischen Werken. Er selbst nannte es sein »Testament«[23] und widmete seiner Abfassung beträchtliche Energie, indem er auf seine typische assoziative Art ein breites Themenfeld von Geschichte und Politik bis hin zu Metaphysik und Religion abschritt. Teil I richtete sich gegen den eigentlichen Hintergrund des Krieges zwischen Preußen und Frankreich und beschäftigt sich demzufolge hauptsächlich mit dem Widerstand der Franzosen gegen den deutschen Imperialismus; er wurde 1871 als Broschüre veröffentlicht. Der Teil, den Cafiero und Reclus ›Gott und der Staat‹ nannten, war ein Bestandteil des unveröffentlichten und unvollendeten Teils II, dessen von Bakunin selbst stammender Titel lautete: ›Historische Sophismen der doktrinären Schule der deutschen Kommunisten‹, ein Titel, der — abgesehen davon, daß er ein wenig sperrig und schwerfällig ist — nur wenig Bezug zum eigentlichen Inhalt aufweist. Der Abschnitt ›Gott und der Staat‹ wurde — wie wir aus Bakunins Tagebuch wissen — im Februar und März 1871 verfaßt, am Vorabend der Pariser Kommune, aber eine ganze Reihe der Themen des Werkes — insbesondere die Vorstellung, daß Regie-

23 Bakunin an Nikolaj Platonovič Ogarev, 16. April 1871. In: *Briefwechsel*, S. 248.

rung und Religion stets dabei zusammengewirkt haben, die Menschen in Ketten zu halten — können bis zu Bakunins seinerzeit unveröffentlichtem Essay ›Föderalismus, Sozialismus und Antitheologismus‹[24] (geschrieben 1867) zurückverfolgt werden und sollten dann auch in seiner Polemik gegen Giuseppe Mazzini nach dem Fall der Pariser Kommune im Mai 1871 wieder auftauchen.

Kurze Zeit nach der erstmaligen Veröffentlichung durch Cafiero und Reclus avancierte ›Gott und der Staat‹ bereits zum meistverbreiteten Werk Bakunins, ein Rang, dessen es sich auch heute noch — ein Jahrhundert später — erfreuen kann. Es ist in viele Sprachen übersetzt worden, darunter Englisch, Deutsch, Holländisch, Italienisch, Spanisch, Russisch, Polnisch, Tschechisch, Rumänisch und Jiddisch. Die erste englische Übersetzung durch den amerikanischen Anarchisten Benjamin Tucker erschien 1883 in Boston, kaum ein Jahr nach der französischen Originalausgabe. Tuckers Leistung litt jedoch an einigen Mankos. Nicht nur daß Cafiero und Reclus Bakunins Text an einigen Stellen abgeändert hatten, um seinem Französisch eine geschmeidigere und bessere literarische Qualität zu verleihen, sie hatten außerdem einige Passagen umgestellt und sich gelegentlich in Bakunins Handschrift verlesen, die ebenso chaotisch war wie seine übrigen Charakterzüge. Als 1908 die erste korrekte französische Textausgabe erschien, folgte ihr eine neue englische Ausgabe, die 1910 in London herauskam. Es handelte sich dabei im Prinzip um Tuckers Übersetzung, die aber durchgesehen und überarbeitet worden war, um sie Bakunins tatsächlichem Text anzupassen, also ohne die Änderungen von Cafiero und Reclus. Noch eine weitere Ausgabe wurde 1916 von Emma Goldmans Mother Earth Press herausgebracht; sie ist mit der Textversion der Londoner Ausgabe identisch mit Ausnahme einiger weniger Unterschiede in Wortwahl und Zeichensetzung.

24 Dt. Michael Bakunin: Die revolutionäre Frage. Föderalismus, Sozialismus, Antitheologismus. Hrsg. von Wolfgang Eckhardt. Unrast Verlag, Münster 2000.

Während der Abschnitt ›Gott und der Staat‹ 1882 erstmalig erschien, sollte es keine ganze Generation mehr dauern, bis der gesamte Text von ›Das knutogermanische Kaiserreich‹ gedruckt wurde — Teil I und II zusammen mit zwei zusätzlichen Fragmenten und einer langen Fußnote als Rest. Endgültig erschien das Werk in der sechsbändigen französischen Ausgabe von Bakunins *Œuvres* (1895-1913), die von dem führenden anarchistischen Historiker Max Nettlau (Band 1) und von James Guillaume (Band 2-6), Bakunins gewissenhaftem Schweizer Schüler, herausgegeben wurden. Der gesamte Teil II von ›Das knutogermanische Kaiserreich‹ belegt die Seiten 9-177 des dritten Bandes, dessen Seiten 18-131 den korrekten Text des Stückes enthalten, das Cafiero und Reclus unter dem Titel ›Gott und der Staat‹ veröffentlicht hatten.[25] Die Seiten 9-17 bestehen aus Vorbemerkungen,[26] die allerdings in nur geringem Bezug zum folgenden stehen, während der erwähnte Rest (auf den Seiten 132-177) die Fortsetzung einer Polemik Bakunins mit dem französischen liberalen Philosophen Victor Cousin (1792-1867) zum Inhalt hat, die auf der letzten Seite von ›Gott und der Staat‹ beginnt. Cousin war der Begründer der sog. »eklektischen Schule« und hatte — wie der Name der Schule nahelegt — ein weitgefaßtes Spektrum von Theorien aufgesogen, deren Gegenstand Bakunin als den mißglückten Versuch ansah, die Existenz Gottes zu beweisen und die Existenz des Staates zu rechtfertigen.

Diese Fortsetzung von ›Gott und der Staat‹ besteht aus 13 numerierten Abschnitten,[27] gespickt mit kritischen Randbemerkungen und Fußnoten, in denen die Lehren Cousins zusammengefaßt und zurückgewiesen werden. Der 13. Abschnitt bricht mitten im Satz ab, und ein Schlußteil wurde nicht gefunden. Gegen Ende befindet sich jedoch der Anfang einer Fußnote, die ebenfalls mitten im Satz abbricht, deren Rest jedoch von

25 Nach dieser Vorlage ins Deutsche übersetzt in *Werke,* I, S. 94-148.

26 Dt. *Werke,* I, S. 89-93.

27 Dt. *Werke,* I, S. 148-172.

Max Nettlau entdeckt und im ersten Band von Bakunins *Œuvres* — sie erstreckt sich über ungefähr 60 Seiten — veröffentlicht wurde.[28] Unglücklicherweise hat Nettlau diese Fußnote mit ›Gott und der Staat‹ betitelt, womit er noch zur Verwirrung beitrug, denn wenn nachfolgende Autoren sich auf ›Gott und der Staat‹ bezogen und beziehen, ist es zuweilen kaum zu sagen, ob sie die von Nettlau veröffentlichte Fußnote meinen oder den berühmten Essay gleichen Titels.

Offensichtlich entschied sich Nettlau für diesen Titel, weil in der Fußnote eine Passage aus ›Gott und der Staat‹ genauer ausgearbeitet wird, in der Rousseau als »der Prophet des doktrinären Staats«[29] und der »wahre Schöpfer der modernen Reaktion«[30] angeprangert wird. Bakunin greift diese Polemik wieder auf und weist Rousseaus Vorstellung vom Gesellschaftsvertrag — derzufolge die Menschen einen Teil ihrer Freiheit im Austausch gegen Sicherheit und Harmonie an den Staat abtreten — als schamloses Trugbild und Ausrede der Tyrannen zurück. Er weigert sich, auch nur die kleinste Einschränkung der menschlichen Freiheit hinzunehmen. Jede »Sklaverei der Menschen«, schreibt er, »setzt meiner Freiheit eine Schranke«.[31] »Nur solange ich die Freiheit und das Menschentum aller Menschen, die mich umgeben, anerkenne, bin ich selbst Mensch und frei. Nur wenn ich ihren menschlichen Charakter anerkenne, anerkenne ich auch den meinen.«[32] Überdies vernachlässige der Gesellschaftsvertrag, indem er nur das Individuum und den Staat im Blickfeld hat, die Gesellschaft, für Bakunin »die natürliche Grundlage [...] menschlichen Daseins«.[33]

Abgesehen von der Fortsetzung von ›Gott und der Staat‹ und der Fußnote über Rousseau gibt es noch zwei weitere Frag-

---

28 Dt. *Werke*, I, S. 172-199.
29 Siehe vorliegenden Band, S. 109.
30 Siehe vorliegenden Band, S. 108.
31 *Werke*, I, S. 180.
32 *Werke*, I, S. 179.
33 *Werke*, I, S. 177.

mente aus ›Das knutogermanischen Kaiserreich‹, die erst lange nach Bakunins Tod in Buchform erschienen.[34] Das eine davon ist ein »Anhang«,[35] in unzusammenhängender Form verfaßt, der den etwas barocken Titel trägt: ›Philosophische Betrachtungen über das Gottesphantom, über die wirkliche Welt und über den Menschen‹. Er wurde im Herbst 1870 geschrieben und ist in fünf Abschnitte unterteilt: Das Weltsystem. Der Mensch, Intelligenz, Wille. Tierische und menschliche Natur. Die Religion. Philosophie, Wissenschaft. Das zweite Fragment mit dem Titel ›Schrift gegen Marx‹[36] stellt einen Entwurf aus dem November und Dezember 1872 dar, kurz nach dem Haager Kongreß der Ersten Internationale, auf dem die Kontroverse zwischen Marx und Bakunin mit dem Ausschluß des letzteren aus der Organisation ihren dramatischen Höhepunkt erreichte. Es kann deshalb kaum überraschen, daß Marx der Bösewicht in diesem Stück sein mußte. Bakunin greift ihn als »Diktator der Internationale«[37] an und vergleicht dessen Wertschätzung von Staat und zentralistischer Autorität mit der seines deutschen Gesinnungsgenossen Bismarck. Marx — so sagt Bakunin — hat, zwanghaft getrieben von seinem teutonischen Drang zu herrschen, seine eigenen aufrührerischen Worte aus dem Programm der Internationale vergessen: »Die Emanzipation der Arbeiter muß das Werk der Arbeiter selbst sein«.

Als Bakunin diesen Schlußteil von ›Das knutogermanische Kaiserreich‹ schrieb, hatte er nur noch weniger als vier Jahre zu leben. Aber in den kommenden Generationen fuhren seine Schüler fort, seine anarchistische Botschaft zu verbreiten und die Verkünder des »wissenschaftlichen Sozialismus« mit Schmä-

---

34 Abgesehen von den zwei Vorbemerkungen zur zweiten Lieferung des ›Knutogermanischen Kaiserreichs‹, deren eine später den Titel erhalten hat: ›Die Kommune von Paris und der Staatsbegriff‹.

35 Dt. *Werke*, I, S. 216-306.

36 Dt. Michel Bakunin: Schrift gegen Marx (fragmentarische Folge des ›Knutogermanischen Kaiserreichs‹). Verlag Die Freie Gesellschaft, Hannover 1981.

37 Ebd., S. 33.

hungen zu bedenken. Immer und immer wieder sprachen sie die Warnung aus, daß politische Macht ein Übel sei, daß sie alle korrumpiere, die sie ausüben, und daß Regierungen jedweder Art den revolutionären Geist der Menschen ersticken und sie ihrer Freiheit berauben. Wie Bakunin vor ihnen riefen sie zur Abschaffung von Kirche und Staat auf, aus deren Trümmern sie ein Goldenes Zeitalter der Gerechtigkeit und Gleichheit heraufziehen sahen, eine hell strahlende Ära der Freiheit, in dem die Menschen ihre eigenen Angelegenheiten ohne die Vermittlung durch irgendeine Autorität regeln würden.

New York, Januar 1970 Paul Avrich

Aus dem Amerikanischen übersetzt von Jörg Asseyer

Michael Bakunin

Wer hat recht, die Idealisten oder die Materialisten? Wenn die Frage einmal so gestellt wird, wird ein Zaudern unmöglich. Ohne jeden Zweifel haben die Idealisten unrecht und nur die Materialisten haben recht. Jawohl, die Tatsachen gehen den Ideen voran, jawohl, das Ideal ist, wie Proudhon sagte, nur eine Blume, deren Wurzel die materiellen Existenzbedingungen bilden.[+3] Jawohl, die ganze geistige und moralische, politische und soziale Geschichte der Menschheit ist ein Reflex ihrer wirtschaftlichen Geschichte.

Alle Zweige moderner, gewissenhafter und ernster Wissenschaft wirken zusammen, diese große, diese grundlegende und entscheidende Wahrheit zu verkünden: Jawohl, die soziale Welt, die menschliche Welt im eigentlichen Sinne, die Menschheit mit einem Wort ist nichts anderes als die — für uns und unseren Planeten wenigstens — letzte und oberste Entwicklung, der höchste Ausdruck der Animalität.[+4] Da aber jede Entwicklung notwendig eine Verneinung einschließt, nämlich die Verneinung ihrer Grundlage oder ihres Ausgangspunktes, ist die Menschheit zugleich und vor allem die bewußte und fortschreitende Verneinung der tierischen Natur in den Menschen, und gerade diese ebenso vernünftige wie natürliche Verneinung, die nur vernünftig ist, weil sie natürlich ist, geschichtlich und logisch wie die Entwicklungen und Produkte aller Naturgesetze, gerade diese Verneinung bildet und schafft das Ideal, die Welt der geistigen und moralischen Überzeugungen, die Ideen.

Ja, unsere ersten Vorfahren, unsere Adams und Evas waren, wenn nicht Gorillas, doch sehr nahe Verwandte des Gorilla, Omnivore,[+5] intelligente und wilde Tiere, die in unendlich höherem Grade als alle anderen Tierarten die zwei wertvollen Fähigkeiten besaßen: die Fähigkeit zu denken und die Fähigkeit, das Bedürfnis, sich zu empören.

Diese beiden Fähigkeiten und ihr fortschreitendes Zusammenwirken im Lauf der Geschichte bilden den bewegenden Faktor, die verneinende Kraft in der positiven Entwicklung der menschlichen Animalität und schaffen folglich alles, was das Menschliche in den Menschen ausmacht.

Die Bibel, ein sehr interessantes und manchmal sehr tiefes Buch, wenn man sie als eine der ältesten erhaltenen Äußerungen menschlicher Weisheit und Phantasie betrachtet, drückt diese Wahrheit sehr naiv in ihrem Mythos von der Erbsünde aus. Jehovah, von allen Göttern, die die Menschen je angebetet, gewiß der eifersüchtigste, eitelste, roheste, ungerechteste, blutgierigste, despotischste und menschlicher Würde und Freiheit feindlichste, schuf Adam und Eva aus man weiß nicht was für einer Laune heraus, ohne Zweifel um seine Langeweile zu vertreiben, die bei seiner ewigen egoistischen Einsamkeit schrecklich sein muß, oder um sich neue Sklaven zu schaffen; dann stellte er ihnen edelmütig die ganze Erde mit all ihren Früchten und Tieren zur Verfügung, wobei er diesem vollständigen Genuß nur eine einzige Grenze setzte. Er verbot ihnen ausdrücklich, die Frucht vom Baum der Erkenntnis zu essen. Er wollte also, daß der Mensch, allen Bewußtseins von sich selbst beraubt, ewig ein Tier bleibe, dem ewigen Gott, seinem Schöpfer und Herrn untertan. Aber da kam Satan, der ewige Rebell, der erste Freidenker und Weltenbefreier. Er bewirkt, daß der Mensch sich seiner tierischen Unwissenheit und Unterwürfigkeit schämt; er befreit ihn und drückt seiner Stirn das Siegel der Freiheit und Menschlichkeit auf, indem er ihn antreibt, ungehorsam zu sein und die Frucht vom Baum der Erkenntnis zu essen.

Man weiß, was folgte. Der Herrgott, dessen Voraussicht, eine seiner göttlichen Eigenschaften, ihm hätte sagen müssen, daß dies so kommen würde, geriet in schreckliche und lächerliche Wut: Er verfluchte Satan und die von ihm selbst geschaffenen Menschen und die Welt, sich gewissermaßen selbst in seiner eigenen Schöpfung schlagend, wie dies Kinder im Zorn zu tun pflegen, und sich nicht begnügend, unsere Vorfahren in der Gegenwart zu treffen, verfluchte er sie in allen künftigen Generationen, die an dem Verbrechen ihrer Vorfahren doch unschuldig sind. Unsere katholischen und protestantischen Theologen finden das sehr tief und sehr gerecht, gerade weil es ungeheuer unbillig und unsinnig ist! Dann erinnerte er sich, daß er nicht nur ein Gott der Rache und des Zorns, sondern auch ein Gott der Liebe sei, und nachdem er einige Milliarden armer menschlicher Wesen während ihres Lebens gequält und sie zu ewiger Höllenqual verdammt hatte, erbarmte er sich der übrigen, und um sie zu retten, um seine ewige und göttliche Liebe mit seinem ewigen und göttlichen, immer opfer- und blutgierigen Zorn zu versöhnen, schickte er als Sühnopfer seinen einzigen Sohn auf die Erde, damit er von den Menschen getötet würde. Dies nennt man das Geheimnis der Erlösung, welches die Grundlage aller christlichen Religionen bildet. Und wenn wenigstens noch der göttliche Retter die Welt der Menschen gerettet hätte! Mitnichten; in dem von Christus versprochenen Paradies wird es, wie man durch ausdrückliche Ankündigung weiß, nur sehr wenige Auserwählte geben. Die übrigen, die ungeheure Mehrheit der gegenwärtigen und künftigen Generationen, werden ewig in der Hölle braten. Inzwischen liefert der stets gerechte, stets gute Gott zu unserem Trost die Erde den Regierungen der Napoleon III. und Wilhelm I., der Ferdinand von Österreich und der Alexander von Rußland[+6] aus.

Das sind die unsinnigen Geschichten und ungeheuerlichen Lehren, die man mitten im neunzehnten Jahrhundert in allen Volksschulen Europas auf den ausdrücklichen Befehl der Regierungen erzählt und lehrt. Das nennt man die Völker zivilisieren! Liegt es nicht auf der Hand, daß all diese Regierungen die systematischen Vergifter, die eigennützigen Verdummer der Volksmassen sind?

Ich ließ mich von meinem Gegenstand abziehen durch den Zorn, der mich stets packt, wenn ich an die elenden und verbrecherischen Mittel denke, durch die man die Völker in ewiger Knechtschaft hält, ohne Zweifel um sie besser scheren zu können. Was sind die Verbrechen aller Troppmann[+7] der Welt gegenüber diesem Verbrechen beleidigter Menschheit, das täglich am hellen Tag, auf der ganzen Fläche der zivilisierten Erde von denen begangen wird, die sich Schützer und Väter der Völker zu nennen wagen? — Ich kehre zum Mythos von der Erbsünde zurück.

Gott gab Satan recht und erkannte an, daß der Teufel Adam und Eva nicht betrogen hatte, als er ihnen Erkenntnis und Freiheit versprach als Belohnung des Ungehorsams, zu dem er sie verleitet hatte; denn sobald sie von der verbotenen Frucht gegessen hatten, sagte Gott zu sich (siehe die Bibel):[+8] »Sieh' da, der Mensch ist wie einer von Uns geworden, er kennt das Gute und das Böse; hindern wir ihn also, die Frucht des ewigen Lebens zu essen, damit er nicht unsterblich werde wie Wir.«

Lassen wir jetzt die fabelhafte Seite dieses Mythos beiseite und betrachten wir seinen wirklichen Sinn. Dieser ist sehr klar. Der Mensch hat sich befreit, er hat sich von der tierischen Natur getrennt und sich als Mensch gebildet; er begann seine Geschichte und seine eigentlich menschliche Entwicklung mit einem Akt des Ungehorsams und der Erkenntnis, das heißt mit der *Empörung* und dem *Denken.*

Drei Elemente oder drei Grundprinzipien bilden die wesentlichen Bedingungen aller gemeinschaftlichen und persönlichen menschlichen Entwicklung in der Geschichte: 1. *die menschliche Animalität;* 2. *das Denken;* 3. *die Empörung.* Dem ersten entspricht die *soziale und private Wirtschaft,* dem zweiten die *Wissenschaft,* dem dritten die *Freiheit.*[1]

1 Der Leser wird eine vollständigere Darstellung dieser drei Prinzipien in dem Anhang[+9] dieses Buches finden, unter dem Titel: Philosophische Betrachtungen über das göttliche Phantom, über die wirkliche Welt und über den Menschen.

Die Idealisten aller Schulen, die Aristokraten und Bourgeois, Theologen und Metaphysiker, Politiker und Moralisten, Geistlichen, Philosophen oder Dichter — nicht zu vergessen die liberalen Ökonomisten, diese zügellosen Anbeter des Ideals —, all diese sind sehr verletzt, wenn man ihnen sagt, daß der Mensch, mit all seiner glänzenden Intelligenz, seinen erhabenen Ideen und grenzenlosen Bestrebungen, wie alles auf der Welt, nichts als Materie, nichts als ein Produkt dieser *niedrigen Materie* ist.

Wir könnten ihnen erwidern, daß die Materie, von welcher die Materialisten sprechen, — eine spontane, ewig bewegliche, tätige, produktive Materie, chemisch und organisch bestimmt und in Erscheinung tretend entsprechend den ihr eigenen mechanischen, physischen, tierischen und intelligenten Eigenschaften oder Kräften — nichts mit der *niedrigen Materie* der Idealisten gemein hat. Letztere, ein Produkt ihrer falschen Abstraktion, ist tatsächlich ein dummes, unbelebtes, unbewegliches, zu allem unfähiges Ding, ein toter Rückstand, eine *häßliche* Einbildung, jener *schönen* Einbildung gegenübergestellt, die sie *Gott*, das höchste Wesen nennen, demgegenüber die Materie, die Materie der Idealisten, von ihnen selbst all dessen beraubt, was ihre wirkliche Natur ausmacht, notwendig das höchste Nichts darstellt. Sie nahmen der Materie die Intelligenz, das Leben, alle bestimmenden Eigenschaften, tätigen Beziehungen oder Kräfte, selbst die Bewegung, ohne welche die Materie nicht einmal Gewicht hätte, und ließen ihr nur die Undurchdringlichkeit und die unbedingte Bewegungslosigkeit im Raum; sie legten all diese Kräfte, Eigenschaften und natürlichen Äußerungen dem von ihrer abstrahierenden Phantasie geschaffenen eingebildeten Wesen bei; dann nannten sie, mit Vertauschen der Rollen, dieses Produkt ihrer Einbildung, dieses Phantom, diesen Gott, der das Nichts ist, »das höchste Wesen«, und erklärten mit notwendiger Konsequenz, daß das wirkliche Wesen, die Materie, die Welt das Nichts sei. Und dann sagen sie uns mit ernster Miene, daß diese Materie unfähig sei, etwas hervorzubringen, ja nicht einmal fähig, sich von selbst in Bewegung zu setzen, und daß sie folglich von ihrem Gott erschaffen sein müsse.

In dem Anhang am Ende dieses Buches[+9] deckte ich die wahrhaft empörenden Unsinnigkeiten auf, zu denen man unvermeidlich geführt wird durch die Einbildung eines Gottes, sei es eines persönlichen, der Welten schafft und organisiert, sei es selbst eines unpersönlichen, der als eine Art im ganzen Weltall verbreitete göttliche Seele angesehen wird, die das ewige Prinzip des Weltalls bilden würde, sei es einer unendlichen und göttlichen Idee, die immer anwesend und tätig ist und sich stets in der Gesamtheit der materiellen und endlichen Wesen äußert. Ich will mich hier auf die Hervorhebung eines einzigen Punktes beschränken.

Die allmähliche Entwicklung der materiellen Welt ist vollkommen faßbar, ebenso wie die des organischen, tierischen Lebens und die der im Lauf der Geschichte fortschreitenden individuellen und sozialen Intelligenz des Menschen auf dieser Welt. Sie ist eine ganz natürliche Bewegung vom Einfachen zum Zusammengesetzten, von unten nach oben oder von dem Niedrigeren zu dem Höheren, eine all unseren täglichen Erfahrungen und daher auch unserer natürlichen Logik, den Gesetzen unseres Geistes entsprechende Bewegung, dieser nur aufgrund dieser selben Erfahrungen entstehenden und sich entwickelnden Logik, die sozusagen nur deren Wiedergabe oder bewußte Zusammenfassung im Gehirn ist.

Das System der Idealisten bietet uns das gerade Gegenteil. Es stürzt alle menschlichen Erfahrungen und den allgemeinen gesunden Menschenverstand absolut um, der doch die wesentliche Bedingung alles Verständnisses unter den Menschen ist, der von der so einfachen und einstimmig anerkannten Wahrheit, daß zwei mal zwei vier ist, sich bis zu den erhabensten und kompliziertesten wissenschaftlichen Betrachtungen erhebt, ohne je etwas durch Erfahrung oder Betrachtung der Dinge nicht streng Bestätigtes zuzugeben, und so die einzige ernstliche Grundlage menschlicher Kenntnisse bildet.

Statt dem natürlichen Weg von unten nach oben zu folgen, vom Niedrigen zum Höheren, vom relativ Einfachen zum Zusammengesetzten, statt klug und verständig die tatsächliche fort-

schreitende Bewegung von der anorganisch genannten Welt zur organischen, Pflanzen-, dann Tierwelt, dann speziell menschlichen Welt zu begleiten und die Bewegung der chemischen Materie oder des chemischen Wesens zur lebenden Materie oder dem lebenden Wesen und vom lebenden zum denkenden Wesen, statt dessen schlagen die idealistischen Denker, von dem von der Theologie ererbten göttlichen Phantom besessen, verblendet und angetrieben, den ganz entgegengesetzten Weg ein. Sie gehen von oben nach unten, vom Höheren zum Niedrigeren, vom Zusammengesetzten zum Einfachen. Sie beginnen mit Gott, sei es als Person, sei es als göttliche Substanz oder Idee, und ihr erster Schritt ist ein schrecklicher Fall von den erhabenen Höhen des ewigen Ideals in den Schlamm der materiellen Welt, von der absoluten Vollkommenheit zur absoluten Unvollkommenheit, von dem Gedanken vom Wesen, oder vielmehr vom höchsten Wesen, zum Nichts. Wann, wie und warum das göttliche, ewige, unendliche Wesen, das absolut Vollkommene, wahrscheinlich von sich selbst gelangweilt, sich zu diesem verzweifelten Salto mortale entschloß, das hat kein Idealist, Theologe, Metaphysiker oder Dichter je selbst zu verstehen gewußt, noch es den Ungläubigen erklären können. Alle vergangenen und gegenwärtigen Religionen und alle übersinnlichen philosophischen Systeme drehen sich um dieses einzige und frevelhafte Geheimnis.[2] Heilige Männer, erleuchtete Gesetzgeber, Propheten und Erlöser suchten darin das Leben und fanden darin nur Folter und Tod. Es verzehrte sie, wie die antike Sphinx,[+10] weil sie es nicht zu erklären wußten. Große Philosophen, von Heraklit und Plato bis Descartes, Spinoza, Leibniz, Kant, Fichte, Schel-

---

2 Ich nenne es »frevelhaft«, weil, wie ich in dem erwähnten Anhang[+9] erwiesen zu haben glaube, dieses Geheimnis die Weihe aller in der Welt der Menschen begangenen und noch stattfindenden Greuel war und ist, und ich nenne es »einzig«, weil alle anderen theologischen und metaphysischen Sinnlosigkeiten, die den Menschengeist verdummen, nur die notwendigen Folgen dieses Geheimnisses sind.

ling und Hegel, ohne der indischen Philosophen zu gedenken, schrieben Haufen von Büchern und schufen ebenso scharfsinnige wie erhabene Systeme, in denen sie nebenbei viele schöne und große Dinge sagten und unsterbliche Wahrheiten entdeckten, die aber dieses Geheimnis, den Hauptgegenstand ihrer übersinnlichen Forschungen, ebenso unergründet ließen, wie es vor ihnen gewesen war. Da aber die gigantischen Anstrengungen der bewunderungswürdigsten Genies, welche die Welt kennt, die seit wenigstens dreißig Jahrhunderten immer von neuem diese Sisyphusarbeit[+11] unternahmen, nur dazu führten, dieses Geheimnis noch unverständlicher zu machen, können wir da hoffen, daß es uns heute durch die handwerksmäßige Spekulation irgendeines pedantischen Schülers einer künstlich aufgewärmten Metaphysik enthüllt werde, und das zu einer Zeit, in der alle lebendigen und ernsten Geister sich von dieser zweifelhaften Wissenschaft abgewendet haben, die das Ergebnis eines geschichtlich gewiß erklärlichen Vergleichs zwischen der Unvernunft des Glaubens und der gesunden wissenschaftlichen Vernunft ist?

Es ist augenscheinlich, daß dieses schreckliche Geheimnis unerklärbar ist, das heißt, daß es unsinnig ist, weil das Unsinnige allein sich nicht erklären läßt. Es ist augenscheinlich, daß, wer dasselbe zu seinem Glück, zu seinem Leben braucht, auf seine Vernunft verzichten und, wenn er kann, zum naiven, blinden, dummen Glauben zurückkehrend, mit Tertullian[+12] und allen aufrichtigen Gläubigen die Worte wiederholen muß, welche die wahre Quintessenz[+2] der Theologie enthalten: *Credo quia absurdum.*[+13] Dann hört jede Erörterung auf und es bleibt nur die triumphierende Dummheit des Glaubens. Aber eine andere Frage erhebt sich dann sofort: *Wie kann in einem intelligenten und unterrichteten Menschen das Bedürfnis entstehen, an dieses Geheimnis zu glauben?*

Nichts ist natürlicher, als daß der Glaube an Gott, den Schöpfer, Organisator, Richter, Herren, Verflucher, Retter und Wohltäter der Welt sich im Volk erhalten hat, und zwar vor allem bei der Landbevölkerung viel mehr als beim städtischen Proletariat. Das Volk ist leider noch sehr unwissend und wird in seiner Unwissenheit erhalten durch die systematischen Anstrengungen aller Regierungen, welche diese Unwissenheit sehr begründeterweise für eine der wichtigsten Bedingungen ihrer eigenen Macht halten. Von der täglichen Arbeit erdrückt, der Muße, des geistigen Verkehrs, der Lektüre, kurz aller Mittel und der meisten Antriebe beraubt, welche das menschliche Denken entwickeln, nimmt das Volk meist ohne Kritik und in Bausch und Bogen die religiösen Traditionen an, die es von der frühesten Kindheit an in allen Lebensverhältnissen umgeben und die von einer Menge offizieller Vergifter aller Art, Priestern und Laien, künstlich in ihm am Leben erhalten werden, wodurch sie sich in ihm in eine Art geistiger und moralischer Gewohnheit verwandeln, die nur zu oft viel mächtiger ist, als sein natürlicher gesunder Menschenverstand.

Noch eine andere Ursache erklärt und rechtfertigt in gewissem Grade den unsinnigen Glauben des Volkes. Dies ist die elende Lage, zu der es durch die bestehende Gesellschaftsordnung in den zivilisiertesten Ländern Europas unabänderlich verurteilt ist. In geistiger und moralischer wie in materieller Hinsicht auf ein Minimum menschlicher Existenz eingeschränkt, in seine Lebensweise eingesperrt wie ein Gefangener in den Kerker, ohne Ausblick, ohne Ausweg, sogar ohne Zukunft, wenn man den Ökonomisten[+14] glauben will, müßte das Volk die merkwürdig enge Seele und den niedrigen Instinkt der Bourgeois haben, wenn es nicht das Bedürfnis empfinden würde, aus diesen Verhältnissen herauszukommen; dazu gibt es aber nur drei Mittel, zwei phantastische und ein wirkliches. Die beiden ersteren sind das Wirtshaus und die Kirche, körperliche oder geistige Ausschweifung; das dritte ist die soziale Revolution. Ich schließe daraus, daß letztere allein, viel mehr wenigstens als alle theoretische Propaganda der Freidenker, imstande sein wird, den religiösen Glauben und die Ausschweifungsgewohnheiten im Volk bis zu ihren letzten Spuren zu zerstören, einen Glauben und Gewohnheiten, die viel enger miteinander verknüpft sind, als man gemeinhin glaubt; durch Ersatz der gleichzeitig trügerischen und niedrigen Genüsse dieser körperlichen und geistigen Zügellosigkeit durch die ebenso feinen wie wirklichen Genüsse der in jedem und in allen sich vollständig entwickelnden Menschlichkeit wird die soziale Revolution allein die Macht haben, gleichzeitig alle Wirtshäuser und alle Kirchen zu schließen.

Bis dahin wird die Masse des Volkes glauben und wird dabei, wenn auch nicht die Vernunft, so doch wenigstens das Recht, dies zu tun, auf seiner Seite haben.

Es gibt eine Menschenklasse, die, wenn sie auch nicht selbst glaubt, sich doch wenigstens gläubig stellen muß. Das sind alle Folterer, Unterdrücker und Ausbeuter der Menschheit. Geistliche, Monarchen, Staatsmänner, Krieger, öffentliche und private Finanziers, Beamte aller Art, Polizisten, Gendarmen, Kerkermeister und Henker, Monopolisten, Kapitalisten, Steuereintreiber, Unternehmer und Hausbesitzer, Advokaten, Ökonomisten, Politiker aller Farben, bis zum letzten Philister,[+15] alle wiederholen einstimmig die Worte Voltaires:[+16]

Wenn es keinen Gott gäbe, müßte man einen erfinden.[+17]

Denn, ihr versteht, das Volk braucht eine Religion. Sie ist das Sicherheitsventil.

Es gibt endlich eine ziemlich zahlreiche Klasse ehrlicher, aber schwacher Seelen, die zu intelligent sind, um die christlichen Dogmen ernst zu nehmen und sie im einzelnen verwerfen, aber nicht die nötige Kraft und Entschlossenheit haben, sie als Ganzes zu verwerfen. Sie geben alle speziellen Unsinnigkeiten der Religion der Kritik preis, sie weisen alle Wunder zurück, aber sie klammern sich verzweifelt an den Hauptunsinn, der die Quelle aller anderen ist, an das Wunder, das alle anderen Wunder erklärt und rechtfertigt, an das Dasein Gottes. Ihr Gott ist nicht das starke und mächtige Wesen, der brutal positive Gott der Theologie. Er ist ein nebelhaftes, durchsichtiges, trügerisches Wesen, so trügerisch, daß, wenn man ihn zu packen glaubt, er sich in das Nichts verwandelt; er ist eine Spiegelung, ein Irrlicht, das weder wärmt noch erhellt. Und doch halten sie an ihm fest und glauben, daß mit seinem Verschwinden alles mit ihm verschwinden würde. Das sind unentschlossene, krankhafte Seelen, die sich in der heutigen Kultur nicht zurechtfinden, die weder der Gegenwart noch der Zukunft angehören, blasse Phantome, die ewig zwischen Himmel und Erde hängen und die sich in derselben Stellung zwischen der Bourgeois-Politik und dem Sozialismus des Proletariats befinden. Sie fühlen sich nicht stark genug, einen Gedanken bis zu Ende zu denken, zu wollen und sich zu entschließen, und sie verlieren ihre Zeit und Mühe damit, immer das Unversöhnliche versöhnen zu wollen. Im öffentlichen Leben nennt man sie Bourgeois-Sozialisten.

Eine Diskussion ist weder mit ihnen noch gegen sie möglich. Sie sind zu krank.

Es gibt aber eine kleine Zahl ausgezeichneter Männer, von denen niemand ohne Achtung zu sprechen wagt und deren kräftige Gesundheit, Geistesstärke und guten Glauben niemand zu bezweifeln sich träumen läßt. Es genügt, Mazzini,[+18] Michelet,[+19] Quinet,[+20] John Stuart Mill[3] zu nennen. Sie alle sind edle und starke Seelen, große Herzen, große Geister, große Schriftsteller, besonders was Mazzini, den heldenhaften und revolutionären Wiedererwecker einer großen Nation, betrifft; sie alle sind Vertreter des Idealismus und Verächter, leidenschaftliche

---

3 Herr Stuart Mill ist vielleicht der einzige, dessen ernstgemeinten Idealismus zu bezweifeln erlaubt ist, aus zwei Gründen: erstens, weil er, wenn auch nicht ein unbedingter Schüler, so doch ein leidenschaftlicher Bewunderer, ein Anhänger der positiven Philosophie Auguste Comtes[+21] ist, welche, trotz ihrer vielen Verschweigungen, in Wirklichkeit atheistisch ist; zweitens, weil Herr Stuart Mill Engländer ist und in England sich als Atheist zu erklären selbst heute noch bedeutet, sich außerhalb der Gesellschaft zu stellen.[+22]

Gegner des Materialismus, folglich auch des Sozialismus, in der Philosophie wie in der Politik.

Gegen sie also muß diese Frage erörtert werden.

Stellen wir zunächst fest, daß keiner der erwähnten ausgezeichneten Männer und kein anderer halbwegs bedeutender idealistischer Denker unserer Zeit sich mit der logischen Seite dieser Frage im engeren Sinn beschäftigt hat. Keiner versuchte, philosophisch die Möglichkeit des göttlichen Salto mortale von den ewigen und reinen Regionen des Geistes in den Schlamm der materiellen Welt zu lösen. Fürchteten sie, an diesen unlösbaren Widerspruch heranzugehen, verzweifelten sie an seiner Lösung, nachdem dieselbe den größten Genies der Geschichte fehlgeschlagen, oder betrachteten sie ihn schon als hinreichend gelöst? Das ist ihr Geheimnis. Tatsache ist, daß sie die theoretische Darlegung der Existenz eines Gottes beiseite ließen und nur ihre praktischen Gründe und Folgerungen entwickelten. Sie alle sprachen davon wie von einer allgemein angenommenen Tatsache, die als solche keinem Zweifel mehr unterliegen kann, und beschränkten sich, anstelle jeden Beweises, das Alter und die Allgemeinheit des Glaubens an Gott festzustellen.

Diese eindrucksvolle Einstimmigkeit gilt in den Augen vieler ausgezeichneten Männer und Autoren so, um nur die berühmtesten zu nennen, nach der beredt ausgedrückten Meinung Joseph de Maistres[+23] und der des großen italienischen Patrioten Giuseppe Mazzini mehr als alle Nachweise der Wissenschaft. Wenn die Logik einer kleinen Zahl konsequenter und sogar sehr großer, aber alleinstehender Denker zu einem gegenteiligen Ergebnis führt, so sagen sie, dies sei um so schlimmer für diese Denker und ihre Logik, denn die allgemeine Zustimmung zu einer Idee, ihre allgemeine Annahme von alters her wurden immer als siegreichster Beweis für ihre Wahrheit betrachtet. Das Gefühl der ganzen Welt, eine überall und immer auftretende und sich behauptende Überzeugung könnten nicht fehlgehen. Sie müßten ihre Wurzel in einer im Wesen des Menschen selbst liegenden Notwendigkeit haben. Und da festgestellt wurde, daß alle Völker der Vergangenheit und Gegenwart an das

Dasein Gottes glaubten und noch glauben, ist klar, daß die, die so unglücklich sind, daran zu zweifeln, trotz aller Logik, die sie zu diesem Zweifel brachte, abnormale Ausnahmen, Monstrositäten sind.

Das Alter und die Allgemeinheit eines Glaubens soll also, gegen alle Wissenschaft und Logik, ein hinreichender und unwiderleglicher Beweis für seine Richtigkeit sein. Warum dies?

Bis zum Jahrhundert von Kopernikus und Galilei[+24] glaubte alle Welt, die Sonne drehe sich um die Erde. Hat sich nicht alle Welt geirrt? Was ist älter und allgemeiner als die Sklaverei? Die Menschenfresserei vielleicht. Seit Beginn der geschichtlichen Gesellschaft bis heute gab es immer und überall Ausbeutung der erzwungenen Arbeit der Massen, von Sklaven, Leibeigenen oder Lohnarbeitern durch eine herrschende Minderheit, Unterdrückung der Völker durch Kirche und Staat. Muß man daraus schließen, daß diese Ausbeutung und Unterdrückung der menschlichen Gesellschaft absolut verbundene Notwendigkeiten sind? Diese Beispiele zeigen, daß das Beweismittel der Verteidiger des Herrgotts nichts beweist.

Nichts ist tatsächlich so allgemein und so alt wie das Unrechte und Unsinnige; Wahrheit und Gerechtigkeit dagegen sind in der Entwicklung der menschlichen Gesellschaften am wenigsten allgemein verbreitet und am jüngsten. Dies erklärt auch die ständige historische Erscheinung unerhörter Verfolgungen, deren Gegenstand ihre ersten Verkünder seitens der offiziellen, patentierten und interessierten Vertreter der »allgemeinen« und »alten« Glaubensdogmen stets waren und noch sind, oft auch seitens derselben Volksmassen, die, nachdem sie die ersten Verkünder gehörig gemartert, stets deren Ideen schließlich annehmen und zum Sieg führen.

Uns Materialisten und revolutionäre Sozialisten erstaunt und erschreckt diese geschichtliche Erscheinung in keiner Weise. Gestützt auf unser Gewissen, auf unsere Liebe zur Wahrheit um jeden Preis, auf die Leidenschaft für die Logik, die an sich allein eine große Macht bildet und außerhalb welcher es kein Denken gibt; gestützt auf unsere Leidenschaft für die Gerechtigkeit und unseren unerschütterlichen Glauben an den Sieg der Menschlichkeit über alle theoretischen und praktischen Bestialitäten; gestützt endlich auf das gegenseitige Vertrauen und die Hilfe, die die kleine Zahl unserer Gleichgesinnten einander geben, nehmen wir alle Folgen dieser geschichtlichen Erscheinung auf uns, da wir in ihr die Äußerung eines sozialen Gesetzes sehen, das ebenso natürlich, notwendig und unabänderlich ist wie alle anderen die Welt lenkenden Gesetze.

Dieses Gesetz ist eine logische, unvermeidliche Folge des *tierischen Ursprungs* der menschlichen Gesellschaft; es ist aber — angesichts aller wissenschaftlichen, physiologischen, psychologischen und historischen Beweise, die sich in unserer Zeit angehäuft haben, und angesichts seiner so glänzenden Darlegung durch die Taten der Deutschen als Eroberer Frankreichs[+25] — wirklich nicht möglich, an diesem Ursprung zu zweifeln. Wenn man aber diesen tierischen Ursprung des Menschen annimmt, erklärt sich alles. Die Geschichte erscheint uns dann als die revolutionäre Verneinung der Vergangenheit, bald langsam, stumpfsinnig und verschlagen, bald leidenschaftlich und mächtig. Sie besteht in der fortschreitenden Verneinung der ursprünglichen tierischen Natur des Menschen durch die Entwicklung seiner Menschlichkeit. Der Mensch, ein wildes Tier, ein Verwandter des Gorilla, ging von der tiefen Nacht des tierischen Instinkts aus, um zum Licht des Geistes zu gelangen, was all seine vergangenen Verirrungen ganz natürlich erklärt und uns zum Teil über seine gegenwärtigen Irrtümer tröstet. Von der tierischen Sklaverei ausgehend, durchschritt er die göttliche Sklaverei, einen Zwischenzustand zwischen seiner Tierheit und Menschlichkeit, und heute schreitet er zur Eroberung und Verwirklichung seiner menschlichen Freiheit. Daraus folgt, daß das Alter eines Glaubens, einer Idee, weit entfernt, etwas zu deren Gunsten zu beweisen, sie uns im Gegenteil verdächtig erscheinen lassen muß. Denn hinter uns liegt unsere Tierheit, vor uns unsere Menschlichkeit, und das menschliche Licht, das einzige, das uns erwärmen und erleuchten kann, das einzige, das uns befreien, uns würdig, frei, glücklich machen und die Brüderlichkeit unter uns verwirklichen kann — dieses Licht leuchtet nie am Anfang, sondern, je nach der Zeit, in der man lebt, stets am Ende der Geschichte. Schauen wir also nie rückwärts, schauen wir immer vorwärts, denn vor uns ist unsere Sonne und unser Heil, und wenn es erlaubt, ja sogar nützlich und notwendig ist, zurückzuschauen, um unsere Vergangenheit zu studieren, dann geschieht dies nur, um festzustellen, was wir gewesen sind und was wir nicht mehr sein dürfen, was wir glauben und dachten und was wir nicht mehr glauben und denken dürfen, was wir getan und was wir niemals wieder tun dürfen.

Soweit über das *Alter*. Was die *Allgemeinheit* eines Irrtums betrifft, so beweist dieselbe nur eines: die Ähnlichkeit, wenn nicht die völlige Gleichheit der menschlichen Natur in allen Zeiten und allen Zonen. Und da feststeht, daß alle Völker zu allen Zeiten ihrer Geschichte an Gott glaubten und noch glauben, müssen wir daraus einfach schließen, daß die aus uns selbst hervorgegangene Gottesidee ein in der Entwicklung der Menschheit geschichtlich notwendiger Irrtum ist, und uns fragen, warum und wie sie entstand und warum die ungeheure Mehrheit der Menschheit sie noch heute als wahr annimmt.

Solange wir uns nicht erklären können, wie die Idee einer übernatürlichen oder göttlichen Welt in der geschichtlichen Entwicklung des menschlichen Bewußtseins entstand und notwendigerweise entstehen mußte, so lange mögen wir wohl wissenschaftlich von der Sinnlosigkeit dieser Idee überzeugt sein, wir werden sie aber in der Meinung der Mehrheit nie zerstören können. Denn wir wären nie imstande, sie in denselben Tiefen des menschlichen Wesens zu zerstören, in denen sie entstand, und, zu einem unfruchtbaren, aussichts- und endlosen Kampf verurteilt, müßten wir uns immer begnügen, sie nur an der Oberfläche zu bekämpfen, in ihren zahllosen Äußerungen, deren kaum vom gesunden Menschenverstand erkannte Sinnlosigkeit sofort in neuer und nicht weniger sinnloser Form wieder entstehen würde. Solange die Wurzel aller die Welt marternden Sinnlosigkeiten, der Glaube an Gott, unberührt bleibt, wird sie stets neue Früchte zeitigen. So beginnt in unseren Tagen, in gewissen Kreisen der höchsten Gesellschaft, der Spiritismus sich auf den Ruinen des Christentums festzusetzen.

Nicht nur im Interesse der Massen, auch im Interesse der Gesundheit unseres eigenen Geistes müssen wir uns bemühen, das geschichtliche Werden der Gottesidee, die Reihe der Ursachen, welche diese Idee im Bewußtsein der Menschen erzeugten und entwickelten, zu begreifen. Wenn wir uns auch Atheisten nennen und für solche halten, solange wir diese Ursachen nicht verstanden haben, werden wir uns stets mehr oder weniger von dem Lärm dieses allgemeinen Gewissens beherrschen lassen, dessen Geheimnis wir nicht herausgefunden haben, und bei der natürlichen Schwäche selbst des Stärksten gegenüber dem allmächtigen Einfluß des sozialen Milieus, das ihn umgibt, riskieren wir stets früher oder später, auf die eine oder andere Art in den Abgrund der religiösen Sinnlosigkeit zurückzufallen. Beispiele solcher schmachvoller Bekehrungen sind in der heutigen Gesellschaft häufig.

Ich führte den Hauptgrund der noch heute von dem religiösen Glauben auf die Massen ausgeübten Macht an. Diese mystischen Neigungen bezeichnen bei den Massen nicht so sehr eine Verirrung des Geistes als tiefe innere Unzufriedenheit. Sie sind der instinktive und leidenschaftliche Aufschrei des menschlichen Wesens gegen die Enge, die Flachheit, die Schmerzen und die Schande eines erbärmlichen Lebens. Gegen diese Krankheit, sagte ich, gibt es nur ein einziges Mittel: die soziale Revolution.

Im *Anhang*[+9] suchte ich die Ursachen der Entstehung der geschichtlichen Entwicklung der religiösen Hirngespinste im Menschenbewußtsein auseinanderzusetzen. Hier will ich die Frage der Existenz eines Gottes oder des göttlichen Ursprungs der Welt und des Menschen nur vom Standpunkt ihrer moralischen und sozialen Nützlichkeit behandeln und über die theoretische Ursache dieses Glaubens nur wenige Worte sagen, um meine Gedanken besser klarzumachen.

Alle Religionen mit ihren Göttern, Halbgöttern, Propheten, Erlösern und Heiligen wurden von der leichtgläubigen Phantasie von Menschen geschaffen, die noch nicht zur vollen Entwicklung und zum Vollbesitz ihrer geistigen Fähigkeiten gelangt waren; der Himmel der Religion ist also nichts als eine Lichtspiegelung, in der der Mensch, von Unwissenheit und Glauben überspannt, sein eigenes Bild wiedersieht, aber vergrößert und verkehrt, *d.h. vergöttlicht.* Die Geschichte der Religionen, die des Ursprungs, der Größe und des Verfalls der Götter, wie sie im menschlichen Glauben aufeinander folgten, ist also nichts als die Entwicklung der Intelligenz und des kollektiven Bewußtseins der Menschen. Je nachdem sie auf ihrem geschichtlichen Vormarsch in sich selbst oder in der äußeren Natur eine Kraft, eine Fähigkeit oder selbst einen großen Fehler fanden, übertrugen sie dieselben durch einen Akt ihrer religiösen Phantasie auf ihre Götter, übertrieben, ins Maßlose ausgedehnt, wie Kinder es zu tun pflegen. Dank dieser Bescheidenheit und frommen Großmütigkeit der gläubigen und leichtgläubigen Menschen bereicherte sich der Himmel durch das, was der Erde geraubt wurde, und konsequenterweise wurden die Menschheit, die Erde desto elender, je reicher der Himmel wurde. Sobald einmal die Gottheit eingesetzt war, wurde sie natürlich als Grund, Ursache, Schiedsrichter und absoluter Verfüger über alle Dinge proklamiert: Die Welt war nichts mehr, die Gottheit alles, und der Mensch, ihr wahrer Schöpfer, der sie ohne sein Wissen aus dem Nichts herausgezogen, beugte sein Knie vor ihr, betete sie an und erklärte sich als ihr Geschöpf und ihr Sklave.

Das Christentum ist gerade die Religion par excellence, weil es in seiner Ganzheit die Natur, das eigentliche Wesen jedes religiösen Systems ausdrückt und äußert, nämlich die *Verarmung, die Versklavung und die Vernichtung der Menschheit zum Vorteil der Gottheit.*

Da Gott alles ist, sind die wirkliche Welt und der Mensch nichts. Da Gott die Wahrheit, die Gerechtigkeit, das Gute, das Schöne, die Macht und das Leben ist, ist der Mensch die Lüge, das Schlechte, das Übel, die Häßlichkeit, die Ohnmacht und der Tod. Da Gott der Herr ist, ist der Mensch der Sklave. Der Mensch ist unfähig, die Gerechtigkeit, die Wahrheit und das ewige Leben selbst zu finden, und kann sie nur durch göttliche Offenbarung erlangen. Wer aber Offenbarung sagt, sagt auch Offenbarer, Erlöser, Propheten, Priester und Gesetzgeber, die Gott selbst erleuchtete, und sobald diese einmal als Vertreter der Gottheit auf der Erde anerkannt sind, als die heiligen Lehrer der Menschheit, die Gott selbst auserwählte, um die Menschheit auf den Weg des Heils zu leiten, müssen sie notwendigerweise absolute Macht ausüben. Alle Menschen schulden ihnen unbegrenzten und demütigen Gehorsam; denn gegenüber der göttlichen Vernunft gibt es keine menschliche Vernunft, und vor der Gerechtigkeit Gottes bleibt keine irdische Gerechtigkeit bestehen. Als Sklaven Gottes müssen die Menschen auch Sklaven der Kirche und des Staates sein, *insoweit als der Staat von der Kirche geheiligt ist*. Dies begriff von allen bestehenden und vergangenen Religionen das Christentum am besten, nicht ausgenommen selbst die alten orientalischen Religionen, welche übrigens nur bestimmte und bevorrechtete Völker umfaßten, während das Christentum den Anspruch hat, die ganze Menschheit zu umfassen, und von allen christlichen Sekten hat der römische Katholizismus allein dies mit strenger Konsequenz verkündet und verwirklicht. Deshalb ist das Christentum die absolute Religion, die letzte Religion, und die römisch-apostolische Kirche die einzig konsequente, rechtmäßige und göttliche.

Ob es also den Metaphysikern und religiösen Idealisten, Philosophen, Politikern oder Dichtern gefällt oder nicht: *Die Gottesidee enthält die Abdankung der menschlichen Vernunft und Gerechtigkeit in sich, sie ist die entschiedenste Verneinung der menschlichen Freiheit und führt notwendigerweise zur Versklavung der Menschen in Theorie und Praxis.*

Wenn wir also nicht die Versklavung und Herabwürdigung der Menschen wollen wie die Jesuiten, die protestantischen Momiers, Pietisten oder Methodisten, dann können und dürfen wir dem Gott der Theologie und dem Gott der Metaphysik nicht das geringste Zugeständnis machen. Denn wer in diesem geheimnisvollen Alphabet A sagt, sagt schließlich unvermeidlich auch Z, und wer Gott anbeten will, muß, ohne sich kindische Illusionen zu machen, tapfer auf seine Freiheit und Menschlichkeit verzichten.

[Wenn Gott existiert, ist der Mensch ein Sklave; der Mensch kann und soll aber frei sein: Folglich existiert Gott nicht.][+26]

Ich fordere jeden auf, diesem Kreis zu entgehen, und nun mag man wählen.

Muß man daran erinnern, wie sehr und wie die Religionen die Völker verdummen und verderben? Sie töten in ihnen die Vernunft, dieses Hauptwerkzeug der menschlichen Befreiung, und führen sie zum Schwachsinn, der wesentlichen Voraussetzung ihrer Sklaverei. *Sie entehren die menschliche Arbeit und machen sie zum Zeichen und zur Quelle der Knechtschaft.* Sie töten Begriff und Gefühl der menschlichen Gerechtigkeit und lassen die Waagschale immer sich auf die Seite der triumphierenden Schurken, der bevorrechteten Auserwählten der göttlichen Gnade, neigen. Sie töten menschlichen Stolz und Würde und schützen nur die Kriechenden und Demütigen. Sie ersticken im Herz der Völker jedes Gefühl menschlicher Brüderlichkeit und erfüllen es mit göttlichen Grausamkeit. Alle Religionen sind grausam, alle sind auf Blut gegründet; denn alle ruhen hauptsächlich auf der Idee des Opfers, das heißt auf der beständigen Opferung der Menschheit zugunsten der unersättlichen Rache der Gottheit. In diesem blutigen Geheimnis ist der Mensch immer das Opfer, und der Priester, auch ein Mensch, aber ein durch die Gnade bevorrechteter, ist der göttliche Henker. Dies erklärt uns, warum die Priester aller Religionen, die Besten, die Menschlichsten, die Sanftesten, beinahe immer auf dem Grund ihres Herzens — und wenn nicht im Herzen, in ihrer Einbildung, ihrem Geist (und man kennt den furchtbaren Einfluß beider auf das Herz der Menschen), — warum, sage ich, in den Gefühlen jedes Priesters etwas Grausames und Blutdürstiges liegt.

All das wissen unsere ausgezeichneten Idealisten der Gegenwart besser als irgend jemand. Sie sind gelehrte Leute, die ihre Geschichte kennen, und da sie gleichzeitig lebende Menschen sind, große Seelen, von aufrichtiger und tiefer Liebe zur Menschheit durchdrungen, so verfluchten und brandmarkten sie all diese Untaten, all diese Verbrechen der Religion mit unerreichter Beredsamkeit. Mit Entrüstung weisen sie jede Gemeinschaftlichkeit mit dem Gott der positiven Religionen und seinen vergangenen und gegenwärtigen irdischen Vertretern zurück.

Der Gott, den sie anbeten oder anzubeten glauben, unterscheidet sich von den wirklichen Göttern der Geschichte gerade dadurch, daß er durchaus kein positiver und auf irgendeine Weise theologisch oder selbst metaphysisch bestimmter Gott ist. Er ist weder das höchste Wesen Robespierres und Jean-Jacques Rousseaus,[+27] noch der pantheistische Gott Spinozas,[+28] noch selbst der gleichzeitig immanente und transzendente und sehr zweideutige Gott Hegels.[+29] Sie hüten sich, ihm irgendeine positive Bestimmung zu geben, da sie sehr gut fühlen, daß eine solche Bestimmung ihn der zersetzenden Tätigkeit der Kritik preisgeben würde. Sie werden nie sagen, ob es ein persönlicher oder unpersönlicher Gott ist, ob er die Welt erschaffen hat oder nicht; sie sprechen nicht einmal von seiner göttlichen Vorsehung. All das könnte ihn bloßstellen. Sie werden sich begnügen zu sagen: »Gott« und nichts weiter. Aber was ist dann ihr Gott? Nicht einmal eine Idee, sondern ein bloßer Hauch.

Er ist der Gattungsname für alles, das ihnen groß, gut, schön, edel, menschlich erscheint. Aber warum sagen sie dann nicht: »Mensch«? Ach, weil König Wilhelm von Preußen und Napoleon III. und alle ihresgleichen auch Menschen sind, und dies setzt sie in große Verlegenheit. Die wirkliche Menschheit bildet eine Verbindung des Erhabensten und Schönsten und des Erbärmlichsten und Ungeheuerlichsten, das es gibt. Wie kommen sie aus dieser Verlegenheit heraus? Sie nennen das eine *göttlich*, das andere *tierisch*, und stellen sich die Göttlichkeit und die

Animalität als zwei Pole vor, zwischen die sie die Menschheit stellen. Sie wollen oder können nicht begreifen, daß diese drei Ausdrücke nur einen einzigen bilden und daß man sie zerstört, wenn man sie trennt.

Sie sind in der Logik nicht stark, und man möchte glauben, daß sie sie verachten. Das unterscheidet sie von den pantheistischen und deistischen Metaphysikern und drückt ihren Ideen den Charakter eines praktischen Idealismus auf, der sein Trachten viel weniger aus der strengen Entwicklung eines Gedankens schöpft als aus den geschichtlichen, kollektiven und individuellen Erfahrungen, beinahe sagte ich Bewegungen des Lebens. Dies gibt ihrer Propaganda einen Schein von Reichtum und Lebenskraft, aber nur einen Schein; denn das Leben selbst wird unfruchtbar, wenn es von einem logischen Widerspruch gelähmt wird.

Dieser Widerspruch ist folgender: Sie wollen Gott und sie wollen die Menschheit. Sie versteifen sich darauf, zwei Begriffe zusammenzubringen, die, einmal getrennt, sich nur wieder treffen können, um sich gegenseitig zu zerstören. Sie sagen in einem Atemzug: »Gott und die Freiheit des Menschen«, »Gott und die Würde, Gerechtigkeit, Gleichheit, Brüderlichkeit, das Wohl der Menschen«, — ohne sich um die unvermeidliche Logik zu kümmern, nach welcher, wenn Gott existiert, dies alles zum Nichtvorhandensein verurteilt ist. Denn wenn Gott existiert, ist er notwendigerweise der ewige, höchste, absolute Herr, und wenn ein solcher Herr da ist, ist der Mensch Sklave; wenn er aber Sklave ist, sind für ihn weder Gerechtigkeit, noch Gleichheit, Brüderlichkeit, Wohlfahrt möglich. Mögen diese Idealisten sich immer gegen den gesunden Menschenverstand und alle geschichtliche Erfahrung, ihren Gott von der zartesten Liebe für die menschliche Freiheit beseelt vorstellen: Ein Herr, was er immer tun und wie freiheitlich er sich zeigen mag, bleibt nichtsdestoweniger ein Herr, und seine Existenz schließt notwendigerweise die Sklaverei von allem, das unter ihm ist, ein. Wenn also Gott existierte, gäbe es für ihn nur ein einziges Mittel, der menschlichen Freiheit zu dienen: aufhören zu existieren.

Als eifersüchtiger Anhänger der menschlichen Freiheit, die ich als die unbedingte Grundbedingung von allem, das wir in der Menschheit verehren und achten, ansehe, drehe ich Voltaires Satz[+30] um und sage: *Wenn Gott wirklich existierte, müßte man ihn beseitigen.*

Die strenge Logik, die mir diese Worte diktiert, ist zu klar, als daß ich diesen Gedankengang weiter entwickeln müßte. Und es scheint mir unmöglich, daß dies den erwähnten ausgezeichneten Männern, deren Namen so berühmt und so mit Recht geachtet sind, nicht selbst aufgefallen ist und daß sie den Widerspruch nicht bemerkten, der darin liegt, daß sie gleichzeitig von Gott und von der menschlichen Freiheit sprachen. Zur Nichtbeachtung des Widerspruchs muß sie der Gedanke veranlaßt haben, daß diese Inkonsequenz oder diese Hintansetzung der Logik in der Praxis zum Besten der Menschheit notwendig ist.

Vielleicht verstehen sie auch die *Freiheit*, von der sie als von einer von ihnen sehr geachteten, ihnen sehr lieben Sache sprechen, in ganz anderem Sinn, als wir Materialisten und revolutionäre Sozialisten sie auffassen. Sie sprechen tatsächlich nie von ihr, ohne sofort ein anderes Wort hinzuzufügen, das Wort *Autorität*, ein Wort und eine Sache, die wir aus vollem Herzen verabscheuen.

Was ist die Autorität? Ist es die unvermeidliche Macht der Naturgesetze, die sich in der Verkettung und notwendigen Aufeinanderfolge der Erscheinungen der physischen und sozialen Welt äußern? Gegen diese Gesetze ist tatsächlich die Empörung nicht nur verboten, sondern auch unmöglich. Wir mögen sie verkennen oder sie noch nicht kennen, aber wir können ihnen nicht ungehorsam sein, weil sie die Grundlage und Grundbedingung unseres Daseins sind; sie umgeben und durchdringen uns, regeln all unsere Bewegungen, Gedanken, Handlungen, so daß, selbst wenn wir ihnen ungehorsam zu sein glauben, wir nur ihre Allmacht beweisen.

Ja, wir sind unbedingt die Sklaven dieser Gesetze. Aber es liegt nichts Erniedrigendes in dieser Sklaverei oder vielmehr, es ist gar keine Sklaverei. Denn Sklaverei setzt einen äußeren Herrn, einen Gesetzgeber voraus, der sich außerhalb desjenigen befindet, dem er gebietet; diese Gesetze liegen aber nicht außer uns, sie sind uns eigen, bilden unser Wesen, unser ganzes körperliches, geistiges und moralisches Wesen; wir leben, atmen, handeln, denken und wollen nur durch sie. Außerhalb ihrer sind wir nichts, *existieren wir nicht*. Woher käme uns also die Macht und der Wille, uns gegen sie zu empören?

Den Naturgesetzen gegenüber ist für den Menschen nur eine Freiheit möglich: sie zu erkennen und sie immer mehr seinem Ziel der kollektiven und individuellen Befreiung oder Humanisierung entsprechend anzuwenden. Sind diese Gesetze einmal erkannt, üben sie eine von der Masse der Menschen nie erörterte Autorität aus. Man muß zum Beispiel ein Narr oder ein Theologe oder wenigstens ein Metaphysiker, Jurist oder Bourgeois-Ökonom sein, um sich gegen das Gesetz, daß zwei × zwei gleich vier ist, zu empören. Man muß Glauben besitzen, um sich einzubilden, daß man im Feuer nicht verbrennt und im Wasser nicht ertrinkt, außer man nimmt zu irgend etwas Zuflucht, das auch wieder auf einem anderen Naturgesetz beruht. Aber diese Empörungen oder vielmehr diese Versuche oder tollen Einbildungen einer unmöglichen Empörung bilden nur eine seltene Ausnahme; denn im allgemeinen kann man sagen, daß die Masse der Menschen im täglichen Leben beinahe unbedingt vom gesunden Menschenverstand, das heißt von der Summe der allgemein anerkannten Naturgesetze, geleitet wird.

Das große Unglück ist, daß eine große Menge von der Wissenschaft schon erkannter Naturgesetze den Volksmassen unbekannt bleibt dank der Sorgfalt der bevormundenden Regierungen, die bekanntlich nur zum Besten der Völker da sind. Ein anderer Nachteil ist der, daß der größte Teil der auf die Entwicklung der menschlichen Gesellschaft bezüglichen Naturgesetze, die ebenso notwendig, unveränderlich, unvermeidlich sind wie die die physische Welt regierenden Gesetze, noch nicht von der Wissenschaft hinreichend festgestellt und erkannt ist.

Sobald sie einmal von der Wissenschaft erkannt und aus der Wissenschaft durch ein großes System der Volkserziehung und des Volksunterrichts in das Bewußtsein aller übergegangen sein werden, wird die Frage der Freiheit vollständig gelöst sein.

Die verbissensten Verfechter der Autorität müssen zugeben, daß dann politische Organisation, Leitung und Gesetzgebung nicht mehr nötig sein werden, drei Dinge, die, mögen sie dem Willen des Herrschers oder den Abstimmungen eines vom allgemeinen Stimmrecht gewählten Parlaments entspringen und mögen sie selbst dem System der Naturgesetze entsprechen, stets auf gleiche Weise der Freiheit der Massen verhängnisvoll und feindlich sind, weil sie ihnen ein System äußerlicher und daher despotischer Gesetze aufzwingen.

Die Freiheit des Menschen besteht einzig darin, daß er den Naturgesetzen gehorcht, weil er sie *selbst* als solche erkannt hat und nicht, weil sie ihm von außen her von irgend einem fremden Willen, sei er göttlich oder menschlich, kollektiv oder individuell, auferlegt sind.

Man nehme eine wissenschaftliche Körperschaft, die aus den erleuchtetsten Vertretern der Wissenschaft besteht; man nehme an, sie sei mit der Gesetzgebung, mit der Organisation der Gesellschaft beauftragt, sei von der lautersten Wahrheitsliebe erfüllt und erlasse nur Gesetze, die unbedingt den neuesten Entdeckungen der Wissenschaft entsprechen. Nun, ich behaupte, daß diese Gesetzgebung und diese Organisation Ungeheuerlichkeiten sein werden, und zwar aus zwei Gründen. Erstens, weil die menschliche Wissenschaft immer notwendigerweise unvollkommen ist und man, wenn man das schon Entdeckte mit dem noch nicht Entdeckten vergleicht, von ihr sagen kann, daß sie noch immer in der Wiege liegt. Wenn man also das praktische Leben der Gesellschaft und des einzelnen zwingen würde, sich streng und ausschließlich den letzten Ergebnissen der Wissenschaft anzupassen, würde man Gesellschaft und Individuen zu den Qualen eines Prokrustesbettes[+1] verurteilen, das sie bald auseinanderreißen und erdrücken würde, da das Leben immer unendlich weiter ist als die Wissenschaft.

Der zweite Grund ist der: Eine Gesellschaft, die den von einer wissenschaftlichen Körperschaft gegebenen Gesetzen nicht deshalb gehorchen würde, weil sie selbst den vernünftigen Charakter dieser Gesetze begriff, in welchem Fall die Existenz der Körperschaft unnötig würde, sondern weil die Gesetzgebung dieser Körperschaft im Namen einer Wissenschaft auferlegt wird, die man verehren würde, ohne sie zu begreifen, — eine solche Gesellschaft wäre nicht eine Gesellschaft von Menschen, sondern von stummen Tieren. Sie wäre eine zweite Auflage der armen Republik Paraguay, die sich so lange von der Gesellschaft Jesu regieren ließ. Eine solche Gesellschaft würde bald auf die tiefste Stufe des Blödsinns herabsinken.

Ein dritter Grund noch macht eine solche Regierung unmöglich. Eine mit solcher sozusagen absoluten Herrschaftsgewalt bekleidete wissenschaftliche Körperschaft würde, auch wenn sie aus den erleuchtetsten Männern bestände, unfehlbar und bald selbst moralisch und geistig verdorben werden. Dies ist schon heute bei den wenigen ihnen überlassenen Vorrechten die Geschichte aller Akademien. Das größte wissenschaftliche Genie sinkt unvermeidlich und schläft ein, sobald es Akademiker, offizieller, patentierter Gelehrter wird. Es verliert seine Selbstbestimmung, seine revolutionäre Kühnheit und die unbequeme und wilde Tatkraft, die für das Wesen der größten Genies charakteristisch sind, die stets berufen sind, hinfällige Welten zu zerstören und die Grundlagen neuer Welten zu legen. Zweifellos gewinnt es an Höflichkeit, nützlicher und praktischer Weisheit, was es an Denkkraft verliert. Es wird, mit einem Wort, verdorben.

Vorrechte, jede bevorrechtete Stellung haben die Eigentümlichkeit, Geist und Herz der Menschen zu töten. Der politisch oder wirtschaftlich Bevorzugte ist geistig und moralisch minderwertig. Dieses soziale Gesetz kennt keine Ausnahme und paßt auf ganze Nationen wie auf Klassen, auf Körperschaften und auf Individuen. Es ist das Gesetz der Gleichheit, der höchsten Bedingung der Freiheit und Menschlichkeit. Der Hauptzweck dieses Buches ist, dasselbe zu entwickeln und seine Wahrheit in allen Äußerungen menschlichen Lebens zu zeigen.

Eine wissenschaftliche Körperschaft, welcher die Regierung der Gesellschaft anvertraut wäre, würde sich bald gar nicht mehr mit der Wissenschaft, sondern mit ganz anderen Dingen beschäftigen; sie würde, wie alle bestehenden Mächte, sich damit befassen, sich ewige Dauer zu verschaffen, indem sie die ihr anvertraute Gesellschaft immer dümmer und folglich ihrer Regierung und Leitung immer bedürftiger machen würde.

Was aber von wissenschaftlichen Akademien gilt, gilt in gleicher Weise von allen konstituierenden und gesetzgebenden Versammlungen, selbst den aus dem allgemeinen Stimmrecht hervorgegangenen. Letzteres mag zwar ihre Zusammensetzung erneuern, was aber nicht hindert, daß sich in wenigen Jahren eine Körperschaft von Politikern bildet, die tatsächlich, nicht rechtlich bevorrechtet sind und durch ihre ausschließliche Beschäftigung mit den öffentlichen Angelegenheiten eines Landes eine Art politischer Aristokratie oder Oligarchie bilden. Ein Beispiel dafür sind die Vereinigten Staaten und die Schweiz.

Also keine Gesetzgebung von außen her und keine Autorität; beide sind voneinander unzertrennlich und führen zur Knechtung der Gesellschaft und zur Verdummung der Gesetzgeber selbst.

Folgt hieraus, daß ich jede Autorität verwerfe? Dieser Gedanke liegt mir fern. Wenn es sich um Stiefel handelt, wende ich mich an die Autorität des Schusters; handelt es sich um ein Haus, einen Kanal oder eine Eisenbahn, so befrage ich die Autorität des Architekten oder des Ingenieurs. Für irgendeine Spezialwissenschaft wende ich mich an diesen oder jenen Gelehrten. Aber weder der Schuster, noch der Architekt oder der Gelehrte dürfen mir ihre Autorität aufzwingen. Ich höre sie frei und mit aller ihrer Intelligenz, ihrem Charakter, ihrem Wissen gebührenden Achtung an, behalte mir aber mein unbestreitbares Recht der Kritik und der Nachprüfung vor. Ich begnüge mich nicht, eine einzige Spezialautorität zu befragen, ich befrage mehrere, vergleiche ihre Meinungen und wähle die, die mir die richtigste zu sein scheint. Aber ich erkenne keine unfehlbare Autorität an, selbst nicht in ganz speziellen Fragen; folglich, welche Achtung ich auch immer für die Ehrlichkeit und Aufrichtigkeit einer Person habe, setze ich in niemanden unbedingten Glauben. Ein solcher Glaube wäre verhängnisvoll für meine Vernunft, meine Freiheit und den Erfolg meines Unternehmens, er würde mich sofort in einen dummen Sklaven und ein Werkzeug des Willens und der Interessen anderer verwandeln.

Wenn ich mich vor der Autorität von Spezialisten beuge und bereit bin, ihren Angaben und selbst ihrer Leitung in gewissem Grade und, solange es mir notwendig erscheint, zu folgen, tue ich das, weil diese Autorität mir von niemand aufgezwungen ist, nicht von den Menschen und nicht von Gott. Sonst würde ich sie mit Abscheu zurückweisen und ihre Ratschläge, ihre Leitung und ihre Wissenschaft zum Teufel jagen, in der Gewißheit, daß sie mich die Brocken menschlicher Wahrheit, die sie mir geben könnten, in viele Lügen eingehüllt, durch den Verlust meiner Freiheit und Würde bezahlen ließen.

Ich neige mich vor der Autorität von Spezialisten, weil sie mir von meiner eigenen Vernunft auferlegt wird. Ich bin mir bewußt, daß ich nur einen sehr kleinen Teil der menschlichen Wissenschaft in allen Einzelheiten und positiven Entwicklungen umfassen kann. Die größte Intelligenz genügt nicht, alles zu umfassen. Daraus folgt für die Wissenschaft wie für die Industrie die Notwendigkeit der Arbeitsteilung und Vereinigung. Ich empfange und ich gebe, so ist das menschliche Leben. Jeder ist abwechselnd leitende Autorität oder Geleiteter. Es gibt also keine stetige und feststehende Autorität, sondern einen beständigen Wechsel von gegenseitiger Autorität und Unterordnung, die vorübergehend und vor allem freiwillig ist.

Diese gleiche Ursache verbietet mir also, eine feste, beständige und allgemeine Autorität anzuerkennen, weil es keinen universellen Menschen gibt, der imstande wäre, mit jenem Reichtum an Einzelheiten, ohne den die Anwendung der Wissenschaft auf das Leben nicht möglich ist, alle Wissenschaften, alle Zweige des sozialen Lebens zu umfassen. Und wenn es möglich wäre, daß eine solche Universalität je in einem einzigen Mann verwirklicht würde, und wenn er sich derselben bedienen wollte, um uns seine Autorität aufzuzwingen, so müßte man diesen Mann aus der Gesellschaft jagen, weil seine Autorität unvermeidlich alle anderen zur Sklaverei und zum Schwachsinn herabdrücken würde. Ich meine nicht, daß die Gesellschaft Männer von Genie mißhandeln soll, wie sie es bis jetzt getan hat. Aber ich meine ebensowenig, daß sie sie zu fett machen, vor allem ihnen irgendwelche Vorrechte oder ausschließlichen Rechte einräumen soll, und dies aus drei Ursachen: erstens weil es ihr oft vorkommen würde, einen Marktschreier für einen Mann von Genie zu halten; dann weil sie durch dieses System von Vorrechten selbst ein wahres Genie in einen Quacksalber verwandeln, demoralisieren, dumm machen kann, und endlich, weil sie sich einen Despoten geben würde.

Ich fasse zusammen. Wir erkennen also die unbedingte Autorität der Wissenschaft an, weil die Wissenschaft keinen anderen Gegenstand hat, als die sorgfältige und möglichst systematische Wiedergabe der im materiellen, geistigen und moralischen Leben der physischen und der sozialen Welt liegenden Naturgesetze; diese beiden Welten bilden tatsächlich nur ein und dieselbe natürliche Welt. Außerhalb dieser Autorität, der einzig rechtmäßigen, weil vernünftigen und der menschlichen Freiheit entsprechenden, erklären wir alle anderen Autoritäten für lügenhaft, willkürlich, despotisch und verhängnisvoll.

Wir erkennen die unbedingte Autorität der Wissenschaft an, aber wir weisen die Unfehlbarkeit und Universalität der Vertreter der Wissenschaft zurück. In unserer Kirche — man erlaube mir einen Augenblick, dieses Wort zu gebrauchen, das ich im übrigen verabscheue; beide, Kirche und Staat, sind mir unausstehlich [sont mes deux bêtes noires] —, in unserer Kirche wie in der protestantischen Kirche haben wir ein Oberhaupt, einen unsichtbaren Christus, die Wissenschaft, und wie die Protestanten, sogar konsequenter als die Protestanten, wollen wir in derselben weder Papst, noch Konzile, noch Versammlungen unfehlbarer Kardinäle, noch Bischöfe und selbst keine Priester dulden. Unser Christus unterscheidet sich vom protestantischen und christlichen Christus darin, daß letzterer ein persönliches Wesen und unserer unpersönlich ist; der christliche Christus, der schon in einer ewigen Vergangenheit zur Vollendung gelangte, stellt sich als vollkommenes Wesen dar, während die Vollendung und Vervollkommnung unseres Christus, der Wissenschaft, immer in der Zukunft liegen, was soviel heißt, als daß sie nie zur Verwirklichung gelangen wird. Wenn wir nur die unbedingte Autorität der *absoluten Wissenschaft* anerkennen, setzen wir also in keiner Weise unsere Freiheit aufs Spiel.

Ich verstehe unter »absoluter Wissenschaft« die wirklich universelle Wissenschaft, die das Universum, das System oder die Zuordnung aller sich in der beständigen Entwicklung der Welten äußernden Naturgesetze, in seiner ganzen Ausdehnung und all seinen unendlichen Einzelheiten ideal wiedergeben würde. Es ist klar, daß diese Wissenschaft, das erhabenste Ziel aller Anstrengungen des menschlichen Geistes, nie in absoluter Vollständigkeit verwirklicht werden wird. Unser Christus wird also ewig unvollendet bleiben, was den Stolz seiner bevorrechteten Vertreter unter uns bedeutend vermindern muß. Gegen diesen Sohn Gottes, in dessen Namen sie uns ihre unverschämte und pedantische Autorität aufzulegen die Anmaßung haben würden, werden wir uns auf Gott den Vater berufen, der die wirkliche Welt, das wirkliche Leben ist, von denen jener nur der nur allzu unvollkommene Ausdruck ist und deren unmittelbare Vertreter wir selbst sind — die lebenden Wesen, die wir leben, arbeiten, kämpfen, lieben, streben, genießen und leiden.

Aber während wir die unbedingte, universelle und unfehlbare Autorität der Männer der Wissenschaft zurückweisen, beugen wir uns gern vor der achtenswerten, aber relativen und sehr vorübergehenden, sehr beschränkten Autorität der Vertreter der

Spezialwissenschaften und verlangen nichts Besseres, als sie zu befragen, wenn die Reihe an sie kommt, sehr dankbar für die wertvollen Fingerzeige, die sie uns geben, unter der Bedingung, daß sie selbst bereit sind, von uns gleiche Angaben anzunehmen über Dinge und in Fällen, in denen wir gelehrter sind als sie. Im allgemeinen ist es uns ganz erwünscht zu sehen, daß Männer von großem Wissen, großer Erfahrung, großem Geist und vor allem großen Herzens auf uns einen natürlichen, rechtmäßigen, frei angenommenen Einfluß ausüben, der nie im Namen irgendeiner offiziellen, himmlischen oder irdischen Autorität auferlegt wird. Wir nehmen alle natürlichen Autoritäten und Einflüsse an, die im Wesen der Sache, nicht aber im Recht liegen; denn jede im Recht liegende und daher offiziell auferlegte Autorität und jeder Einfluß dieser Art wird sofort Unterdrükkung und Lüge und würde uns unfehlbar, wie ich hinreichend bewiesen zu haben glaube, Sklaverei und Unsinn aufzwingen.

Mit einem Wort, wir weisen alle privilegierte, patentierte, offizielle und legale Gesetzgebung, Autorität und Beeinflussung zurück, selbst wenn sie aus dem allgemeinen Stimmrecht hervorgegangen sind, in der Überzeugung, daß sie immer nur zum Nutzen einer herrschenden und ausbeutenden Minderheit gegen die Interessen der ungeheuren geknechteten Mehrheit sich wenden können.

In diesem Sinne sind wir wirklich Anarchisten.

Die modernen Idealisten verstehen die Autorität in ganz anderem Sinn. Obgleich sie sich von dem überlieferten Aberglauben aller bestehenden positiven Religionen befreit haben, geben sie nichtsdestoweniger der Idee der Autorität einen göttlichen, absoluten Sinn. Diese Autorität ist nicht die einer wunderbar geoffenbarten Wahrheit, noch die einer streng wissenschaftlich bewiesenen Wahrheit. Sie begründen sie auf ein wenig scheinphilosophischer Beweisführung und auf viel unbestimmt religiösem Glauben, auf viel ideal, abstrakt poetischem Gefühl. Ihre

Religion ist wie ein letzter Versuch der Vergöttlichung von allem, was die Menschlichkeit in den Menschen bildet.

Dies ist das gerade Gegenteil unseres Werkes. Wir glauben, in Hinsicht auf Menschenfreiheit, Menschenwürde und Menschenwohl dem Himmel die von ihm der Erde geraubten Güter nehmen zu müssen, um sie der Erde zurückzugeben; jene aber bemühen sich, einen letzten religiös heroischen Diebstahl zu begehen, und möchten im Gegenteil dem Himmel, diesem heute entlarvten göttlichen Dieb, den die kühne Pietätlosigkeit und wissenschaftliche Analyse der Freidenker ihrerseits plündert, alles zurückgeben, was die Menschheit an Größtem, Schönstem und Edelstem besitzt.

Zweifellos glauben die Idealisten, daß menschliche Ideen und Dinge, um bei den Menschen größere Achtung zu genießen, mit göttlicher Weihe umgeben sein müssen. Wie äußert sich diese Weihe? Nicht durch ein Wunder, wie bei den positiven Religionen, sondern durch die Größe und Heiligkeit der Ideen und Dinge selbst: Was groß, schön, edel, gerecht ist, das gilt als göttlich. In diesem neuen religiösen Kult wird jeder sich an diesen Ideen, diesen Dingen Erleuchtende ein unmittelbar von Gott selbst geweihter Priester. Und der Beweis dafür? Die Größe der Ideen, die er ausdrückt, der Dinge, die er vollbringt, ist der Beweis; ein anderer ist nicht nötig. Sie sind so heilig, daß sie nur von Gott eingegeben sein können.

Dies ist in wenigen Worten ihre ganze Philosophie, eine Philosophie von Gefühlen, nicht von wirklichen Gedanken, eine Art metaphysischer Pietismus. Dies scheint unschuldig, ist es aber durchaus nicht, und die sehr genaue, enge und trockene Lehre, die sich unter dem unfaßbar Weiten dieser poetischen Formen versteckt, führt zu denselben verderblichen Ergebnissen wie alle positiven Religionen: zur vollständigsten Verneinung der Menschenfreiheit und Menschenwürde.

Wenn man alles, was man Großes, Edles, Schönes in der Menschheit findet, als göttlich preist, erkennt man damit an, daß die Menschheit allein nicht imstande gewesen wäre, es hervorzubringen; dies kommt auf dasselbe hinaus, wie wenn man sagte, daß sie, sich selbst überlassen, ihrer eigenen Natur nach elend, ungerecht, niedrig und häßlich ist. Dadurch kommen wir zum Kern jeder Religion, der Herabsetzung der Menschheit zum größeren Ruhm der Gottheit. Und sobald man die natürliche Minderwertigkeit des Menschen und seine fundamentale Unfähigkeit, sich aus sich selbst heraus, außerhalb aller göttlichen Erleuchtung, zu gerechten und wahren Ideen zu erheben, zugibt, wird es nötig, auch alle theologischen, politischen und sozialen Folgerungen der positiven Religionen zuzugeben. Sobald Gott, das vollkommene und höchste Wesen, sich der Menschheit gegenüberstellt, entstehen von überall göttliche Vermittler, Auserwählte, von Gott Erleuchtete, um das Menschengeschlecht in seinem Namen zu leiten und zu regieren.

Kann man nicht annehmen, daß alle Menschen in gleicher Weise von Gott erleuchtet sind? Dann brauchte man allerdings keine Vermittler. Aber diese Annahme ist unmöglich, weil ihr die Tatsachen zu sehr widersprechen. Man müßte dann der göttlichen Erleuchtung alle Sinnlosigkeiten und Irrtümer, alle Greuel, Schändlichkeiten, Erbärmlichkeiten und Dummheiten, die in der Welt der Menschen vorkommen, zuschreiben. Es gibt also auf der Welt nur wenige göttlich erleuchtete Menschen. Dies sind die großen Männer der Geschichte, die *tugendhaften Genies*, wie der ausgezeichnete italienische Bürger und Prophet Giuseppe Mazzini sagt.[+31] Unmittelbar von Gott selbst erleuchtet und auf allgemeine, durch das Volksstimmrecht ausgedrückte Zustimmung gestützt — *Dio e Popolo* —, sind sie berufen, die menschlichen Gesellschaften zu regieren.[4]

Damit sind wir wieder bei der Kirche und dem Staat angelangt. Zwar würde die Kirche in dieser neuen Organisation nicht mehr Kirche, sondern Schule heißen, die, wie alle alten politischen Organisationen, von Gottes Gnaden sein würde, sich aber

---

4 Vor sechs oder sieben Jahren hörte ich Herrn Louis Blanc in London beinahe dieselbe Idee ausdrücken: »Die beste Regierungsform«, sagte er zu mir, »wäre die, welche immer *tugendhafte Männer von Genie* an die Spitze der Regierung brächte.«[+32]

diesmal, wenigstens der Form nach, als notwendiges Zugeständnis an den modernen Geist und wie in den Einleitungen der kaiserlichen Dekrete Napoleons III. gesagt wird, auf den (fiktiven) *Willen des Volkes* stützen würde.[+33] Aber auf den Bänken dieser Schule würden nicht nur die Kinder sitzen: Dort säße der ewig Unmündige, der Schüler, der für immer als unfähig gilt, seine Prüfungen zu machen, die Kenntnisse seiner Lehrer zu erwerben und ihrer Zucht zu entwachsen, das Volk.[5] Der Staat wird nicht mehr Monarchie heißen, sondern Republik,

---

5 Ich fragte eines Tages Mazzini,[+34] welche Maßregeln man zur Befreiung des Volkes treffen würde, wenn seine siegende unitäre Republik endgültig errichtet wäre? »Die erste Maßregel«, sagte er mir, »wird die Gründung von Schulen für das Volk sein.« — Und was wird man das Volk in diesen Schulen lehren? — »Die Pflichten der Menschen, Aufopferung und Hingabe.« — Aber woher werden Sie eine hinreichende Zahl Lehrer nehmen, um diese Dinge zu lehren, die keiner zu lehren das Recht und die Fähigkeit hat, wenn er nicht selbst das Beispiel davon gibt? Ist die Zahl der Menschen, die im Opfer und der Hingabe den höchsten Genuß finden, nicht ungemein gering? Diejenigen, die sich im Dienst einer großen Idee opfern, einer hohen Leidenschaft gehorchend und *diese persönliche Leidenschaft befriedigend*, außerhalb welcher das Leben selbst jeden Wert in ihren Augen verliert, diese denken gewöhnlich an ganz etwas anderes, als aus ihrer Handlung eine Lehre zu machen; diejenigen aber, die eine Lehre daraus machen, vergessen meist, sie in die Tat umzusetzen, aus dem einfachen Grunde, weil die Lehre das Leben, die lebendige Freiwilligkeit der Aktion tötet. Männer wie Mazzini, bei denen Lehre und Handlung eine bewunderungswürdige Einheit bilden, sind sehr seltene Ausnahmen. Im Christentum gab es auch große heilige Männer, die alles, was sie sagten, wirklich taten oder sich wenigstens leidenschaftlich bemühten, es zu tun, deren von Liebe überschäumende Herzen voll Verachtung für die Genüsse und Güter dieser Welt waren. Aber die ungeheure Mehrheit der katholischen, protestantischen Geistlichen, die berufsmäßig die Lehre der Keuschheit, Enthaltsamkeit und Entsagung predigten und predigen, widerrief allgemein ihre Lehre durch ihr Beispiel. Nicht grundlos, sondern nach mehrhundertjähriger Erfahrung

wird aber nichtsdestoweniger der Staat sein, das heißt eine offiziell und regelrecht von einer Minderheit zuständiger Männer, von *tugendhaften Männern von Genie oder Talent*, errichtete Vormundschaft zur Überwachung und Leitung des Betragens die-

---

bildeten sich bei den Völkern aller Länder Redensarten wie: *ausschweifend wie ein Pfaffe, ein Feinschmecker wie ein Pfaffe, ehrgeizig wie ein Pfaffe, habgierig, selbstsüchtig und lüstern wie ein Pfaffe.* Es steht also fest, daß die von der Kirche geweihten Lehrer der christlichen Tugenden, die Geistlichen, *in ihrer ungeheuren Mehrheit* das Gegenteil von dem taten, was sie predigten. Dieses Zahlenverhältnis schon, die Allgemeinheit der Tatsache, zeigt, daß die Schuld nicht den einzelnen zuzuschreiben ist, sondern der unmöglichen und in sich selbst widerspruchsvollen sozialen Lage zufällt, in der sich die einzelnen befinden. Die Lage der christlichen Geistlichen enthält einen doppelten Widerspruch. Zuerst den zwischen der Lehre der Abstinenz und Entsagung und den positiven Neigungen und Bedürfnissen der menschlichen Natur — Neigungen und Bedürfnisse, die in einigen, stets sehr seltenen individuellen Fällen beständig zurückgehalten, unterdrückt und selbst völlig vernichtet werden können durch den stetigen Einfluß einer mächtigen geistigen und moralischen Macht; die in gewissen Augenblicken kollektiver Überspannung gleichzeitig von sehr vielen Menschen vergessen oder vernachlässigt werden können; die aber so tief in der Menschennatur stecken, daß sie schließlich immer in ihre Rechte treten, so daß sie, wenn sie gehindert werden, sich auf regelmäßige und normale Weise zu äußern, zuletzt stets schädliche und ungeheuerliche Befriedigung suchen. Dies ist ein Naturgesetz, das also unausweichlich, unwiderstehlich ist und unter seinen verhängnisvollen Einfluß fallen unvermeidlich alle christlichen Geistlichen und besonders die der römisch-katholischen Kirche. Dieses Gesetz kann die Lehrer der Schule, das heißt die Priester der modernen Kirche, nicht treffen, es sei denn, daß man auch sie zwinge, christliche Abstinenz und Entsagung zu predigen.

Aber ein anderer Widerspruch ist beiden gemeinsam. Dieser liegt im Titel und der Stellung des Lehrers. Ein Lehrer als Herr, der befiehlt, unterdrückt und ausbeutet, ist eine sehr logische und ganz natürliche Persönlichkeit. Aber ein Lehrer, der sich den ihm nach seinem göttlichen oder menschlichen Vorrecht Unterge-

ses großen, unverbesserlichen Schreckenskindes, des Volkes. Die Schullehrer und Staatsbeamten werden sich Republikaner nennen, aber nichtsdestoweniger Vormünder, Hirten sein, und das Volk wird das bleiben, was es bis jetzt gewesen ist, eine Herde.

---

benen opfert, ist ein widerspruchsvolles und ganz unmögliches Wesen. Das ist die Heuchelei selbst, die der Papst so gut verkörpert, der sich den *letzten Diener der Diener Gottes* nennt — und nach Christi Beispiel, zum Zeichen dessen, einmal jährlich die Füße von zwölf römischen Bettlern wäscht — und gleichzeitig sich als Stellvertreter Gottes zum absoluten und unfehlbaren Herrn der Welt aufwirft. Brauche ich daran zu erinnern, daß die Priester aller Kirchen, weit entfernt, sich den ihnen anvertrauten Herden zu opfern, dieselben stets opferten, ausbeuteten und im Herdenzustand erhielten, teils, um ihre eigenen persönlichen Leidenschaften zu befriedigen, teils, um der Allmacht der Kirche zu dienen? Dieselben Voraussetzungen und Ursachen bringen stets dieselben Wirkungen hervor. Ebenso wird es aber den göttlich erleuchteten und vom Staat bevorrechteten Lehrern der modernen Schule ergehen. Sie werden notwendigerweise, die einen unbewußt, die anderen mit voller Kenntnis der Sache, die Lehre vom Opfer des Volkes für die Macht des Staates und zum Nutzen der bevorzugten Klassen lehren.

Muß man also allen Unterricht aus der Gesellschaft beseitigen und alle Schulen abschaffen? Nein, durchaus nicht, man muß mit vollen Händen Bildung in den Massen verbreiten und alle Kirchen, all diese dem Ruhm Gottes und der Versklavung der Menschen gewidmeten Tempel in ebensoviel Schulen menschlicher Befreiung verwandeln. Aber verständigen wir uns zuerst: Schulen im eigentlichen Sinn dürfen in einer normalen, auf die Gleichheit und die Achtung der menschlichen Freiheit gegründeten Gesellschaft nur für Kinder und nicht für Erwachsene da sein; damit sie Schulen der Befreiung und nicht der Knechtung werden, muß in ihnen vor allem die Fiktion von Gott, dem ewigen und absoluten Verknechter, beseitigt werden; Erziehung und Unterricht der Kinder müßten ganz auf die wissenschaftliche Entwicklung der Vernunft und nicht des Glaubens gegründet werden, auf die Entwicklung der persönlichen Würde und Unabhängigkeit, nicht auf die der Frömmigkeit und des Gehorsams, auf den Kult der Wahrheit und Gerechtigkeit um jeden Preis und vor

Achtung also vor den Scherern, denn wo es eine Herde gibt, gibt es auch Scherer und Ausbeuter der Herde.

In diesem System wird das Volk ewig Schüler und Mündel sein. Trotz seiner Herrschaftsgewalt, die ganz fiktiv ist, wird es

---

allem auf die Achtung vor der Menschheit, welche in allem und jedem an Stelle der Verehrung Gottes treten muß. Das Autoritätsprinzip bildet bei der Kindererziehung den natürlichen Ausgangspunkt; es ist rechtmäßig, notwendig, wenn es auf Kinder in niedrigem Alter angewendet wird, deren Intelligenz noch in keiner Weise entwickelt ist. Da aber die Entwicklung jeder Sache, folglich auch die der Erziehung, die allmähliche Verneinung des Ausgangspunktes bildet, muß sich das Autoritätsprinzip gradweise mit dem Fortschritt der Erziehung und des Unterrichts der Kinder vermindern und ihrer wachsenden Freiheit Platz machen. Jede vernünftige Erziehung ist im Grunde nichts anderes als diese fortschreitende Opferung der Autorität zum Nutzen der Freiheit, da der Endzweck der Erziehung kein anderer sein soll als der, Menschen zu bilden, die frei sind und die Freiheit anderer achten und lieben. So muß der erste Schultag, wenn die Schule Kinder niedrigen Alters aufnimmt, die kaum einige Worte zu stammeln vermögen, der Tag der größten Autorität und beinahe vollständiger Abwesenheit der Freiheit sein, der letzte Schultag aber der der größten Freiheit und der absoluten Beseitigung jeder Spur des tierischen oder göttlichen Prinzips der Autorität.

Das Autoritätsprinzip wird, auf Erwachsene oder Ältere angewendet, eine Ungeheuerlichkeit, eine scharfe Verneinung der Menschlichkeit, eine Quelle geistiger und moralischer Sklaverei und Verderbtheit. Unglücklicherweise ließen die väterlichen Regierungen die Volksmassen in so tiefer Unwissenheit dahinbrüten, daß es notwendig werden wird, nicht nur für die Kinder des Volkes, sondern auch für das Volk selbst Schulen zu gründen. Aber aus diesen Schulen müssen die geringsten Anwendungen oder Äußerungen des Autoritätsprinzips unbedingt entfernt werden. Es werden nicht mehr Schulen sein, sondern Volksakademien, in denen nicht mehr von Schülern und Lehrern die Rede sein kann, in welche das Volk, wie es dies für nötig hält, frei kommt, freien Unterricht zu nehmen, und in denen es nach seiner eigenen Erfahrung seinerseits die Lehrer, die ihm unbekannte

das Werkzeug von Gedanken, Willen und folglich auch von Interessen sein, die nicht seine eigenen sein werden. Zwischen dieser Lage und der, die wir Freiheit, die einzige wahre Freiheit nennen, liegt ein Abgrund. Es würde unter neuen Formen die

---

Kenntnisse bringen, in vielem unterweisen kann. Das wird also ein gegenseitiger Unterricht sein, ein Akt geistiger Brüderlichkeit zwischen der gebildeten Jugend und dem Volk.

Die wahre Schule für das Volk und alle erwachsenen Leute ist das Leben. Die einzige große und allmächtige, gleichzeitig natürliche und vernünftige Autorität, die einzige, die wir achten können, wird die des kollektiven und öffentlichen Geistes einer auf die Gleichheit und Solidarität und die Freiheit und die gegenseitige menschliche Achtung all ihrer Mitglieder gegründeten Gesellschaft sein. Ja, das ist eine nicht göttliche, sondern eine ganz menschliche Autorität, vor der wir uns gern beugen, da wir sicher sind, daß sie die Menschen, statt sie zu knechten, befreien wird. Man kann sicher sein, daß sie tausendmal mächtiger sein wird als all die göttlichen, theologischen, metaphysischen, politischen und juristischen Autoritäten, die Kirche und Staat einsetzten, mächtiger als Strafgesetze, Kerkermeister und Henker. Die Macht des Kollektivgefühls oder der öffentlichen Meinung ist schon heute eine sehr ernste. Die zu Verbrechen Geneigten wagen selten, ihr zu trotzen, sie offen herauszufordern. Sie werden versuchen, sie zu täuschen, aber sich wohl hüten, sie anzutasten, außer wenn sie sich wenigstens von irgendeiner Minderheit gestützt fühlen. Kein Mensch, für wie mächtig er sich auch halten mag, wird je die Kraft haben, die einstimmige Verachtung der Gesellschaft auszuhalten; keiner kann leben, ohne sich nicht wenigstens von der Zustimmung und Achtung irgendeines Teils dieser Gesellschaft gehalten zu fühlen. Es muß jemand von einer ungeheuren und sehr aufrichtigen Überzeugung getrieben werden, um den Mut zu finden, gegen alle zu reden und zu handeln, und nie wird ein egoistischer, verdorbener und feiger Mann diesen Mut haben.

Nichts beweist besser die natürliche und unvermeidliche Solidarität, dieses alle Menschen verbindende Geselligkeitsgesetz, als dieser Umstand, den jeder von uns täglich an sich selbst und all seinen Bekannten beobachten kann. Wenn aber diese soziale Macht existiert, warum hat sie bis jetzt nicht genügt, die Men-

alte Unterdrückung und Knechtschaft sein, und wo Knechtschaft ist, ist Elend, Vertierung, die eigentliche Materialisierung der Gesellschaft, sowohl der bevorzugten Klassen wie der Massen.

Durch Vergöttlichung menschlicher Dinge kommen die Idealisten stets zum Triumph eines niedrigen Materialismus. Und das aus einem sehr einfachen Grunde: Das Göttliche verflüchtigt sich und erhebt sich zu seiner Heimat, dem Himmel, und das Niedrige bleibt allein wirklich auf der Erde.

Jawohl, der theoretische Idealismus hat den niedrigsten Materialismus in der Praxis zur notwendigen Folge, nicht für die, die ihn guten Glaubens predigen — für diese ist die Unfruchtbarkeit all ihrer Bemühungen das gewöhnliche Ergebnis

---

schen zu moralisieren, zu humanisieren? Die Antwort ist sehr einfach: weil diese Macht bis heute selbst nicht humanisiert wurde, und dies geschah nicht, weil das soziale Leben, dessen treuer Ausdruck sie immer ist, bekanntlich auf die Gottesverehrung und nicht auf die Achtung des Menschen gegründet ist, auf die Autorität und nicht auf die Freiheit, auf das Vorrecht und nicht auf die Gleichheit, auf die Ausbeutung und nicht auf die Brüderlichkeit der Menschen, auf Unrecht und Lüge und nicht auf Gerechtigkeit und Wahrheit. Ihr tatsächliches Wirken, das immer mit den humanitären Theorien, die sie bekennt, im Widerspruch steht, übte folglich beständig einen bösen und verderbenden, keinen moralischen Einfluß aus. Sie unterdrückt nicht Laster und Verbrechen, sie schafft sie. Ihre Autorität ist folglich eine göttliche, unmenschliche Autorität, ihr Einfluß ist schlecht und verhängnisvoll. Sollen beide wohltätig und menschlich gemacht werden? Entfesselt die soziale Revolution! Macht, daß alle Bedürfnisse wirklich solidarisch werden, daß die materiellen und sozialen Interessen eines jeden seinen menschlichen Pflichten gleich werden! Hierzu gibt es nur ein einziges Mittel: Zerstört alle Einrichtungen der Ungleichheit, gründet die wirtschaftliche und soziale Gleichheit aller, und auf dieser Grundlage wird sich die Freiheit, die Sittlichkeit und die solidarische Menschlichkeit aller erheben.

Ich werde noch einmal auf diese Frage, die wichtigste des Sozialismus, zurückkommen.

—, aber für die, die ihre Lehren im Leben für die ganze Gesellschaft zu verwirklichen sich bemühen, solange sich diese von den idealistischen Lehren beherrschen läßt.

Es fehlt nicht an geschichtlichen Beweisen für diese allgemeine Tatsache, die zuerst sonderbar erscheinen mag, die sich aber natürlich erklärt, sobald man sie näher betrachtet.

Man vergleiche die beiden letzten Kulturen der antiken Welt, die griechische und die römische. Welche von beiden ist die materialistischere, in ihrem Ausgangspunkt natürlichere und menschlich idealere? Die griechische Kultur. Welche dagegen ist die an ihrem Ausgangspunkt abstrakt idealere, die die materielle Freiheit des Menschen der idealen Freiheit des Bürgers opfert, vertreten durch die Abstraktion des juristischen Rechts und die natürliche Entwicklung der menschlichen Gesellschaft zur Abstraktion des Staates, und welche ist die in ihren Konsequenzen brutalere? Ohne Zweifel die römische. Die griechische Kultur war zwar, wie alle antiken Kulturen, die römische inbegriffen, ausschließlich national und hatte die Sklaverei zur Grundlage. Aber trotz dieser beiden ungeheuren historischen Fehler faßte und verwirklichte sie nichtsdestoweniger als erste die Idee der Menschheit; sie veredelte und idealisierte wirklich das Leben der Menschen; sie verwandelte die Menschenherden in Vereinigungen freier Menschen; sie schuf die Wissenschaften, Künste, eine unsterbliche Dichtkunst und Philosophie und die ersten Begriffe der Menschenachtung durch die Freiheit. Mit der politischen und sozialen Freiheit schuf sie das freie Denken. Und am Ende des Mittelalters, zur Zeit der Renaissance, genügte es, daß einige griechische Emigranten einige ihrer unsterblichen Bücher nach Italien brachten, um das Leben, die Freiheit, das Denken, die Menschheit, die in dem finsteren Kerker des Katholizismus vergraben waren, zur Wiedererstehung zu bringen. Die menschliche Befreiung, das ist der Name der griechischen Kultur. Und der Name der römischen Kultur? Eroberung mit all ihren brutalen Folgen. Und ihr letztes Wort? Die Allmacht der Cäsaren. Das ist die Herabwürdigung und Sklaverei der Nationen und Menschen.

Und was tötet und erdrückt noch heutzutage brutal, materiell in allen Ländern Europas die Freiheit und Menschlichkeit? Der Triumph des zäsarischen oder römischen Prinzips.

Vergleichen wir jetzt zwei moderne Kulturen: die italienische und die deutsche. Die erstere vertritt zweifellos in ihrem allgemeinen Charakter den Materialismus, die letztere im Gegenteil das Abstrakteste, Reinste, Übersinnlichste, was es an Idealismus gibt. Was sind die praktischen Früchte beider?

Italien leistete der Sache der menschlichen Befreiung schon ungeheure Dienste. Es war das erste Land, welches wieder aufstand und in weitem Sinn das Prinzip der Freiheit in Europa durchführte und der Menschheit ihre Adelstitel wiedergab: Industrie, Handel, Dichtkunst, Künste, positive Wissenschaften und freies Denken. Seitdem wurde es durch drei Jahrhunderte vom kaiserlichen und päpstlichen Despotismus erdrückt und von seiner herrschenden Bourgeoisie in den Kot gezogen, so daß es heute allerdings sehr verfallen erscheint im Vergleich zu dem, was es war. Und doch, welcher Unterschied, wenn man es mit Deutschland vergleicht! Trotz diesem, wie wir hoffen, vorübergehenden Verfall kann man in Italien menschlich und frei leben und atmen, von einem Volk umgeben, das für die Freiheit geboren zu sein scheint. Selbst das bourgeoise Italien kann mit Stolz auf Männer wie Mazzini und Garibaldi[+35] weisen. In Deutschland atmet man die Luft ungeheurer politischer und sozialer Knechtschaft, die ein großes Volk mit wohlbedachter Ergebung und gutem Willen philosophisch erklärt und annimmt. Seine Helden — ich spreche von denen des gegenwärtigen, nicht des künftigen Deutschland, des adligen, bürokratischen, politischen und bourgeoisen, nicht des proletarischen Deutschland — sind ganz das Gegenteil von Mazzini und Garibaldi: Es sind heute Wilhelm I., der rohe und naive Vertreter des protestantischen Gottes, und die Herren von Bismarck und Moltke, die Generale Manteuffel und Werder.[+36] In all seinen internationalen Beziehungen war Deutschland, seit es besteht, langsam, systematisch eindringend, erobernd, immer bereit, seine eigene freiwillige Knechtschaft auf die benachbarten Völker auszudehnen; seit es sich als einheitliche Macht bildete, wurde es eine Drohung, eine Gefahr für die Freiheit von ganz Europa. Der Name Deutschland bedeutet heute brutalen und triumphierenden Sklavensinn.

Um zu zeigen, wie sich der theoretische Idealismus sofort und unvermeidlich in praktischen Materialismus verwandelt, braucht man nur das Beispiel aller christlichen Kirchen und natürlich, vor allem, das der römisch-apostolischen Kirche anzuführen. Was gibt es Erhabeneres, im idealen Sinn Uneigennützigeres, von allen irdischen Interessen Losgelösteres als die von dieser Kirche gepredigte Lehre Christi — und was gibt es brutal Materialistischeres als die beständige Praxis derselben Kirche seit dem 8. Jahrhundert, seitdem sie sich als Macht zu bilden begann? Was war und ist wohl der Hauptgegenstand all ihrer Streitigkeiten mit den Herrschern Europas? Die weltlichen Güter, die Einkünfte der Kirche zunächst und dann die weltliche Macht, die politischen Vorrechte der Kirche. Man muß ihr die Gerechtigkeit widerfahren lassen, daß sie zuerst in der modernen Geschichte die unbestreitbare, aber sehr wenig christliche Wahrheit entdeckte, daß Reichtum und Macht, wirtschaftliche Ausbeutung und politische Unterdrückung der Massen der untrennbare Ausdruck des Reichs der göttlichen Idealität auf der Erde sind: Der Reichtum befestigt und vermehrt die Macht, die Macht entdeckt und schafft immer neue Reichtumsquellen, und beide sichern besser als Martyrium und Glaube der Apostel, besser als die göttliche Gnade den Erfolg der christlichen Lehre. Diese geschichtliche Wahrheit verkennen auch die protestantischen Kirchen nicht. Ich spreche natürlich von den unabhängigen Kirchen von England, Amerika und der Schweiz, nicht von den unterjochten Kirchen Deutschlands. Letztere haben keine eigene Initiative; sie tun, was ihre Herren, ihre weltlichen Herrscher, die gleichzeitig ihre geistlichen Oberhäupter sind, ihnen zu tun befehlen. Es ist bekannt, daß die protestantische Propaganda, die Englands und Amerikas besonders, sich sehr eng an die Propaganda der materiellen, der Handelsinteressen dieser beiden großen Nationen anschließt; es ist auch bekannt, daß letztere Propaganda durchaus nicht die Bereicherung und den materiellen Wohlstand der Länder, in die sie in Gesellschaft von Gottes Wort eindringt, zum Gegenstand hat, sondern die Ausbeutung dieser Länder zur wachsenden Bereicherung und wirtschaftlichem Wohlstand gewisser ausbeutender und gleichzeitig sehr frommer Klassen des eigenen Landes.

Mit einem Wort, es ist durchaus nicht schwer, anhand der Geschichte zu beweisen, daß die Kirche, daß alle christlichen und nichtchristlichen Kirchen neben ihrer überirdischen Lehre, wahrscheinlich zur Beschleunigung und Erhöhung des Erfolgs derselben, niemals unterließen, sich zu großen Gesellschaften zu organisieren zur wirtschaftlichen Ausbeutung der Massen, der Arbeit der Massen, unter dem Schutz und mit dem unmittelbaren und besonderen Segen irgendeiner Gottheit; daß alle Staaten, die bekanntlich an ihrem Ursprung mit all ihren politischen und juristischen Einrichtungen und herrschenden und bevorzugten Klassen nichts anderes waren als weltliche Nebenstellen dieser verschiedenen Kirchen, gleicherweise als Hauptgegenstand dieselbe mittelbar von der Kirche gerechtfertigte Ausbeutung zum Nutzen weltlicher Minderheiten haben; und daß im allgemeinen die Tätigkeit des Herrgotts und aller göttlichen Idealitäten auf der Erde immer und überall schließlich zur Begründung des einer kleinen Zahl wohlbekommenden Materialismus auf dem fanatischen und beständig dem Hunger ausgesetzten Idealismus der Massen führte.

Was wir heute sehen, ist ein neuer Beweis dafür. Wer sind heute, abgesehen von den oben erwähnten, in die Irre gehenden großen Herzen und Geistern, die erbittertsten Verteidiger des Idealismus? Zunächst alle fürstlichen Höfe. In Frankreich waren es Napoleon III. und seine Frau, Madame Eugenie; ihre Exminister, Höflinge und Exmarschälle, von Rouher und Bazaine bis Fleury und Piétri[+37]; die Männer und Frauen dieser kaiserlichen Welt, die Frankreich so gut idealisiert und gerettet haben; ihre Journalisten und Gelehrten, die Cassagnac, Girardin, Duvernois, Veuillot, Le Verrier, Dumas,[+38] dann die schwarze Phalanx der Jesuiten und Jesuitinnen jeder Kleidung; der ganze Adel und die ganze obere und mittlere Bourgeoisie Frankreichs; liberale Doktrinäre und Liberale ohne Doktrin: die Guizot, Thiers, Jules Favre, Pelletan und Jules Simon,[+39] alles verbissene Verteidiger der bourgeoisen Ausbeutung. In Preußen, in Deutschland ist es Wilhelm I., der wahre gegenwärtige Vertreter des Herrgotts auf Erden, all seine Generäle, alle seine pommerischen und anderen Offiziere, seine ganze Armee, die, auf ihren religiösen Glauben gestützt, soeben Frankreich auf die bekannte ideale Art erobert hat. In Rußland ist es der Zar und sein ganzer Hof, sind es die Murawjow und Berg[+40], alle Würger und frommen Bekehrer Polens. Mit einem Wort, überall dient heute der religiöse oder philosophische Idealismus — letzterer ist nur die mehr oder weniger freie Übertragung des ersteren — der materiellen, blutigen und brutalen Gewalt, der schamlosen materiellen Ausbeutung als Fahne; die Fahne des theoretischen Materialismus, die rote Fahne der wirtschaftlichen Gleichheit und sozialen Gerechtigkeit wird dagegen erhoben von dem praktischen Idealismus der unterdrückten und hungernden Massen, der die größte Freiheit und das menschliche Recht jedes einzelnen in der Brüderlichkeit aller Menschen der Erde zu verwirklichen sucht.

Wer sind die wahren Idealisten, die Idealisten nicht der Abstraktion, sondern des Lebens, nicht des Himmels, sondern der Erde, und wer sind die Materialisten?

Es ist augenscheinlich, daß die Hauptbedingung des theoretischen oder göttlichen Idealismus die Opferung der Logik, der menschlichen Vernunft, der Verzicht auf die Wissenschaft ist. Man sieht andererseits, daß man durch die Verteidigung der idealistischen Lehren unbedingt zur Partei der Unterdrücker und Ausbeuter der Volksmassen hingezogen wird. Diese beiden großen Ursachen sollten, scheint es, genügen, jeden großen Geist, jedes große Herz vom Idealismus zu entfernen. Wie kommt es, daß unsere ausgezeichneten zeitgenössischen Idealisten, denen gewiß weder Geist, noch Herz, noch guter Wille fehlen und die ihr ganzes Dasein dem Dienst der Menschheit geweiht haben, — wie kommt es, daß diese darauf bestehen, in den Reihen der Vertreter einer hinfort verurteilten und entehrten Lehre zu verharren?

Ein sehr triftiger Grund muß sie hierzu treiben. Dies kann weder die Logik noch die Wissenschaft sein, da diese beide ihre Entscheidung *gegen* die idealistische Lehre abgegeben haben. Ebensowenig können es persönliche Interessen sein, da diese Männer über alles derartige unendlich erhaben sind. Es muß also ein mächtiger moralischer Beweggrund sein. Welcher? Es gibt nur einen einzigen: Diese ausgezeichneten Männer denken ohne Zweifel, daß die idealistischen Theorien oder der idealistische Glaube zur Würde und moralischen Größe des Menschen wesentlich notwendig sind und daß die materialistischen Lehren ihn im Gegensatz dazu auf die Stufe der Tiere herunterbringen würden.

Und wenn gerade das Gegenteil hiervon wahr wäre?

Jede Entwicklung, sagte ich, schließt die Verneinung des Ausgangspunktes ein. Da nach der materialistischen Schule der Ausgangspunkt materiell sein muß, muß seine Verneinung notwendigerweise ideal sein. Von der Gesamtheit der wirklichen Welt oder von dem, das man abstrakt die Materie nennt, ausgehend, gelangt sie logisch zur wirklichen Idealisierung, das heißt zur Humanisierung, zur vollen und ganzen Befreiung der Gesellschaft. Da im Gegensatz dazu und aus dem gleichen Grunde der Ausgangspunkt der idealen Schule ideal ist, gelangt sie notwendigerweise zur Materialisierung der Gesellschaft, zur Organisation eines brutalen Despotismus und einer harten und schändlichen Ausbeutung unter der Form der Kirche und des Staates. Die geschichtliche Entwicklung des Menschen ist nach der materialistischen Schule ein fortschreitender Aufstieg; nach dem idealistischen System kann sie nur ein beständiges Fallen sein.

Bei jeder menschlichen Frage, die man in Betracht zieht, findet man stets denselben wesentlichen Gegensatz zwischen den beiden Schulen. So geht, wie ich schon bemerkte, der Materialismus von der tierischen Stufe aus, um die Menschheit zu bilden; der Idealismus geht von der Gottheit aus, um die Sklaverei zu errichten und die Massen zu aussichtsloser Vertierung zu verurteilen. Der Materialismus leugnet den freien Willen und führt zur Einführung der Freiheit; der Idealismus verkündet den freien Willen im Namen der Menschenwürde und gründet die Autorität auf den Ruinen aller Freiheit. Der Materialismus weist das Autoritätsprinzip zurück, weil er es mit gutem Grund als Zugabe zur tierischen Natur betrachtet und weil nach ihm der Sieg der Menschlichkeit, der in seinen Augen Hauptziel und -bedeutung der Geschichte ist, nur durch die Freiheit verwirklicht werden kann. Mit einem Wort, bei jeder Frage wird man die Idealisten stets bei unbedingtem praktischen Materialismus treffen, während man die Materialisten die höchsten idealen Ziele und Gedanken verfolgen und verwirklichen sieht.

Die Geschichte, sagte ich, kann im System der Idealisten nur ein beständiges Fallen sein. Sie beginnen mit einem schrecklichen Fall, von dem sie sich nie wieder erholen: mit dem göttlichen Salto mortale aus den erhabenen Regionen der reinen, absoluten Idee zur Materie: nicht zu der stets tätigen und bewegten Materie voll Eigenschaften und Kräften, Leben und Intelligenz, wie sie uns in der wirklichen Welt erscheint, sondern zur abstrakten, verarmten Materie, die ins absolute Elend gebracht wird durch die regelrechte Plünderung jener Preußen des Denkens, der Theologen und Metaphysiker, die ihr alles raubten, um es ihrem Kaiser, ihrem Gott zu geben; zu jener Materie, die, aller Eigenschaften, aller eigenen Tätigkeit und Bewegung beraubt, nur mehr — im Gegensatz zur Gottesidee — absolute Dummheit, Undurchdringlichkeit, Untätigkeit und Unbeweglichkeit darstellt.

Der Fall ist so schrecklich, daß die Gottheit, die göttliche Person oder Idee, sich breitschlägt, ihr Eigenbewußtsein verliert und sich nie wiederfindet. Und in dieser verzweifelten Lage ist sie noch gezwungen, Wunder zu üben! Denn sobald die Materie untätig ist, ist jede Bewegung, selbst die materiellste, ein Wunder und kann nur die Wirkung einer göttlichen Dazwischenkunft, von Gottes Einwirkung auf die Materie, sein. Und so bleibt denn diese arme Gottheit, durch ihren Fall heruntergekommen und fast vernichtet, einige hundert Jahrtausende in diesem Ohnmachtszustand, dann erwacht sie langsam, sucht stets vergeblich eine unbestimmte Erinnerung von sich selbst zu gewinnen, und jede Bewegung, die sie im Hinblick auf dieses Ziel in der Materie macht, wird eine neue Schöpfung, eine neue Bildung, ein neues Wunder. Auf diese Weise durchschreitet sie alle Grade der Materialität und Bestialität; zuerst ein Gas, ein einfacher und zusammengesetzter chemischer Körper, ein Mineral, verbreitet sie sich dann auf der Erde als pflanzlicher und tierischer Organismus und konzentriert sich dann im Menschen. Hier scheint sie bestimmt, sich wiederzufinden, denn sie zündet in jedem menschlichen Wesen einen Engelsfunken an, ein Teilchen ihres eigenen göttlichen Wesens, die unsterbliche Seele.

Wie konnte sie eine absolut unkörperliche Sache in etwas absolut Materiellem unterbringen? Wie kann der Körper den reinen Geist enthalten, einschließen, begrenzen, binden? Dies ist wieder eine jener Fragen, die allein der Glaube, diese leidenschaftliche und dumme Behauptung des Unsinnigen, lösen kann. Es ist das größte aller Wunder. Hier haben wir nur die Wirkungen und praktischen Folgen dieses Wunders festzustellen.

Nach Hunderten von Jahrtausenden vergeblicher Bemühungen, zu sich zu kommen, findet die verlorene, in der von ihr belebten und in Bewegung gesetzten Materie verbreitete Gottheit einen Stützpunkt, eine Art Heim, um sich zu sammeln. Dies ist der Mensch, dies ist seine unsterbliche Seele, die eigentümlicherweise in einen sterblichen Körper gesperrt ist. Aber jeder Mensch, für sich genommen, ist viel zu beschränkt, zu klein, um die göttliche Unendlichkeit zu umschließen; er kann nur einen sehr kleinen Teil derselben enthalten, der, unsterblich wie das Ganze, aber unendlich viel kleiner als das Ganze ist. Daraus ergibt sich, daß das göttliche Wesen, das absolut unkörperliche Wesen, der Geist, teilbar ist wie die Materie. Dies ist ein weiteres Geheimnis, dessen Lösung dem Glauben überlassen werden muß.

Wenn sich Gott ganz in jedem Menschen unterbringen könnte, dann wäre jeder Mensch Gott. Wir hätten eine ungeheure Anzahl von Göttern, von denen jeder von allen anderen beschränkt und doch unendlich wäre, ein Widerspruch, der die gegenseitige Vernichtung der Menschen bedeuten würde und die Unmöglichkeit, daß mehr als ein Mensch da wäre. Was die Teile betrifft, ist dies eine andere Sache: Nichts ist tatsächlich der Vernunft entsprechender, als daß ein Teil von einem anderen Teil begrenzt und kleiner als das Ganze sei. Nur zeigt sich hier mehr oder weniger ein anderer Widerspruch. Begrenzt zu sein ist eine Eigenschaft der Materie, nicht des Geistes; des Geistes hier im Sinn der Materialisten, da der Geist für die Materialisten nur die Äußerung des ganz materiellen Organismus des Menschen ist; in diesem Fall hängt Größe oder Kleinheit des Geistes ganz von der mehr oder weniger großen materiellen Vollendung des menschlichen Organismus ab. Aber diese Eigenschaften der Begrenzung und relativen Größe können dem Geist, wie ihn die Idealisten verstehen, nicht angehören, dem absolut unkörperlichen, außerhalb jeder Materie existierenden Geist. Da kann es nichts Größeres und Kleineres, keine Grenze zwischen den Geistern geben, denn es gibt nur *einen* Geist: Gott. Nimmt man noch dazu, daß die unendlich kleinen und beschränkten Teilchen, die die menschlichen Seelen bilden, gleichzeitig unsterblich sind, so erreicht man den Gipfel der Widersprüche. Aber das ist eine Frage des Glaubens; gehen wir weiter.

So also ist die Gottheit zerrissen und in unendlich kleinen Teilen in einer ungeheuren Anzahl von Wesen jeden Geschlechts, jeden Alters, aller Rassen und Farben untergebracht. Dies ist eine für sie außerordentlich unbequeme und unglückliche Lage; denn die göttlichen Teilchen kennen sich zu Beginn ihrer menschlichen Existenz so wenig untereinander, daß sie beginnen, sich gegenseitig aufzufressen. Jedoch bewahren die göttlichen Teilchen, die Menschenseelen, in diesem Zustand ganz und gar tierischer Barbarei und Brutalität eine gewisse unbestimmte Erinnerung an ihre ursprüngliche Göttlichkeit: Sie werden unaufhaltsam nach ihrem Ganzen zu angezogen; sie suchen sich und suchen das Ganze. Die Gottheit selbst, in der materiellen Welt verbreitet und verloren, sucht sich in den Menschen, und sie ist derart durch diese Menge menschlicher Gefängnisse, in denen sie zerstreut ist, verwirrt, daß sie bei diesem Suchen eine Menge Dummheiten macht.

Mit dem Fetischismus beginnend, sucht sie sich selbst und betet sich an bald in einem Stein, bald in einem Stück Holz oder einem Stück Tuch. Wahrscheinlich sogar hätte sie sich nie aus dem Tuchfetzen erhoben, wenn die *andere* Gottheit, die nicht in die Materie fiel und im Zustand reinen Geistes in den erhabenen Höhen des absoluten Ideals oder in den himmlischen Regionen blieb, nicht mir ihr Mitleid gehabt hätte.

Hier liegt ein neues Geheimnis, das der in zwei Hälften gespaltenen Gottheit, welche Hälften aber jede ein Ganzes und jede unendlich sind und von denen die eine — Gott der Vater — sich in den reinen, immateriellen Regionen erhält, während die andere — Gott der Sohn — sich in die Materie fallen ließ. Wir werden gleich sehen, wie zwischen diesen beiden voneinander getrennten Gottheiten beständige Beziehungen von oben nach unten und von unten nach oben entstehen und wie diese Beziehungen, als ein einziger ewiger und beständiger Akt gedacht, den heiligen Geist bilden. Dies ist, in seinem wahren theologischen und metaphysischen Sinn, das große, das schreckliche Geheimnis der christlichen Dreieinigkeit.

Aber verlassen wir so schnell als möglich diese Höhen und sehen wir, was auf der Erde vorgeht.

Gott der Vater sah von der Höhe seines ewigen Glanzes, daß der arme Sohn Gottes, von seinem Fall flachgequetscht und verwirrt, sich derart in die Materie tauchte und in ihr verlor, daß er, selbst nachdem er den menschlichen Zustand erreicht, sich nicht wiederfand, und er entschloß sich endlich, ihm zu helfen. Aus der ungeheuren Zahl gleichzeitig unsterblicher, göttlicher und unendlich kleiner Teilchen, in die Gott der Sohn sich zerstreute, so daß er sich in ihnen nicht mehr zurechtfand, wählte Gott der Vater die ihm am meisten gefallenden aus und machte daraus seine Erleuchteten, seine Propheten, seine »tugendhaften Genies«, die großen Wohltäter und Gesetzgeber der Menschheit: Zarathustra, Buddha, Moses, Konfuzius, Lykurg, Solon, Sokrates, den göttlichen Plato und vor allem Jesus Christus, die vollständige Verwirklichung des endlich in eine einzige menschliche Person gesammelten und konzentrierten Gottessohnes; alle Apostel, Petrus, Paulus und vor allem Johannes; Konstantin den Großen, Mohammed, dann Karl den Großen, Gregor VII., Dante, nach einigen auch Luther, Voltaire und Rousseau, Robespierre und Danton und viele andere große und heilige geschichtliche Persönlichkeiten, deren Namen ich nicht alle anführen kann, aber unter denen ich als Russe den heiligen Nikolaus nicht zu vergessen bitte.

So sind wir also bei dem Erscheinen Gottes auf der Erde angelangt. Aber sobald Gott erscheint, wird der Mensch zu nichts. Man wird einwenden, daß er durchaus nicht zu nichts wird, da er selbst ein Teil Gottes ist. Verzeihung! Ich gebe zu, daß ein Teilchen, ein Teil eines bestimmten, beschränkten Ganzen, wie klein es auch sei, eine Quantität, eine positive Größe ist. Aber ein Teilchen, ein Teil des unendlich Großen ist, mit demselben verglichen, notwendigerweise unendlich klein. Das Produkt von Milliarden, mit Milliarden von Milliarden multipliziert, wird dem unendlich Großen gegenüber unendlich klein sein, und das unendlich Kleine ist gleich null. Gott ist alles, also sind der Mensch und die ganze wirkliche Welt, das Universum, mit ihm nichts. Da gibt es keinen Ausweg.

Gott erscheint, der Mensch wird zu nichts, und je größer die Gottheit wird, desto elender wird die Menschheit. Das ist die Geschichte aller Religionen, die Wirkung aller Erleuchtungen und göttlichen Gesetzgebungen. In der Geschichte ist der Name Gottes die schreckliche historische Keule, mit der alle göttlich erleuchteten Männer, die großen »tugendhaften Genies«, die Freiheit, Würde, Vernunft und das Wohl der Menschen niederschlagen.

Zuerst sahen wir den Fall Gottes. Jetzt sehen wir einen Fall, der uns mehr interessiert, den des Menschen, durch das einfache Erscheinen oder die Offenbarung Gottes auf Erden.

In welch tiefem Irrtum befinden sich unsere lieben und ausgezeichneten Idealisten! Wenn sie zu uns von Gott sprechen, glauben sie, uns zu erheben, zu befreien, zu veredeln, und wollen dies, und statt dessen würdigen sie uns herab und erdrücken uns. Sie bilden sich ein, mit dem Namen Gottes unter den Menschen Brüderlichkeit einführen zu können, und schaffen im Gegenteil Stolz und Verachtung; sie sähen Zwietracht, Haß und Krieg und errichten Knechtschaft. Denn mit Gott kommen notwendigerweise die verschiedenen Grade göttlicher Erleuchtung; die Menschheit zerfällt in sehr Erleuchtete, in minder Erleuchtete und in gar nicht Erleuchtete. Zwar sind alle gleich nichtig vor Gott, aber untereinander verglichen sind die einen größer als die anderen, nicht nur in Wirklichkeit, was nichts bedeuten würde, da eine tatsächliche Ungleichheit von selbst in der Menge verloren geht, wenn sie nichts, keine Fiktion oder gesetzliche Einrichtung findet, an die sie sich anklammern kann; nein, die einen sind größer als die anderen durch das göttliche Recht der Erleuchtung, wodurch sofort eine feste, beständige, erstarrende Ungleichheit entsteht. Die mehr Erleuchteten müssen von den weniger Erleuchteten gehört und ihnen muß gehorcht werden, ebenso den weniger Erleuchteten von den gar nicht Erleuchteten. So ist das Prinzip der Autorität fest aufgestellt, und mit ihm die beiden grundlegenden Einrichtungen der Knechtschaft: die Kirche und der Staat.

Von allen Despotismen ist der der Doktrinäre oder religiösen Erleuchteten der ärgste. Sie sind so eifersüchtig auf den Ruhm ihres Gottes und den Triumph ihrer Idee, daß ihnen kein

Herz bleibt für die Freiheit, die Würde, nicht einmal für die Leiden der lebenden wirklichen Menschen. Der göttliche Eifer, die ausschließliche Sorge um die Idee trocknen in den zartesten Seelen, den mitfühlendsten Herzen die Quellen der Menschenliebe aus. Sie sehen alles, was ist, was in der Welt geschieht, vom Standpunkt der Ewigkeit oder der abstrakten Idee an; sie behandeln vergängliche Dinge mit Verachtung; aber das ganze Leben wirklicher Menschen, der Menschen von Fleisch und Blut, besteht nur aus vergänglichen Dingen; sie selbst sind vorübergehende Wesen, die nach ihrem Vergehen von anderen, ebenso vergänglichen ersetzt werden, die aber nie selbst wiederkommen. Von Bleibendem oder relativ Ewigem gibt es bei den Menschen die Tatsache der Menschheit selbst, die in beständiger Entwicklung, immer reicher, von einer Generation zur anderen übergeht. Ich sage *relativ* ewig, weil nach der Zerstörung unseres Planeten — und diese Zerstörung muß früher oder später eintreten, da alles, was einen Anfang hat, notwendigerweise auch ein Ende haben muß —, weil nach Zerstörung unseres Planeten, der ohne Zweifel irgend einer neuen Bildung im Weltsystem, das allein wirklich ewig ist, als Element dienen wird, niemand weiß, was aus unserer ganzen menschlichen Entwicklung wird. Da aber der Zeitpunkt dieser Auflösung unendlich weit von uns entfernt ist, können wir die Menschheit, im Vergleich mit dem so kurzen menschlichen Leben, ganz gut als ewig betrachten. Aber diese Tatsache der fortschreitenden Menschheit selbst ist nur wirklich und lebendig durch ihre Erscheinung und Verwirklichung zu bestimmter Zeit, an bestimmten Orten, in wirklich lebenden Menschen, und nicht in ihrer allgemeinen Idee.

Die allgemeine Idee ist immer eine Abstraktion und schon dadurch in gewissem Grade eine Verneinung des wirklichen Lebens. Ich stellte im *Anhang*[+9] als Eigenschaft des menschlichen Gedankens und folglich auch der Wissenschaft fest, daß sie von den wirklichen Tatsachen nur ihren allgemeinen Sinn, ihre allgemeinen Beziehungen, ihre allgemeinen Gesetze erfassen und benennen kann, mit einem Wort das in ihren beständigen Verwandlungen Bleibende wie ihre materielle, individuelle Seite, die sozusagen von Wirklichkeit und Leben vibriert, aber gerade dadurch flüchtig und unfaßbar ist. Die Wissenschaft versteht den Gedanken der Wirklichkeit, nicht die Wirklichkeit selbst, den Gedanken des Lebens, nicht das Leben. Hier liegt ihre Grenze, die einzige für sie wirklich unüberschreitbare Grenze, die eben in der Natur des menschlichen Gedankens selbst, des einzigen Organs der Wissenschaft begründet ist.

Auf diese natürliche Beschaffenheit gründen sich die unbestreitbaren Rechte und die große Aufgabe der Wissenschaft, aber auch ihre tiefe Ohnmacht und selbst ihre schädliche Wirkung, sobald sie durch ihre offiziellen, patentierten Vertreter sich das Recht anmaßt, das Leben zu beherrschen. Die Aufgabe der Wissenschaft ist folgende: Durch Feststellung der allgemeinen Beziehungen der vorübergehenden und wirklichen Dinge, durch Erkennen der der Entwicklung der Erscheinungen der physischen und sozialen Welt eigenen allgemeinen Gesetze stellt sie sozusagen unveränderliche Markzeichen des Vormarsches der Menschheit auf, indem sie den Menschen die allgemeinen Bedingungen zeigt, deren strenge Beobachtung notwendig und deren Unkenntnis oder Vergessen verhängnisvoll sind. Mit einem Wort, die Wissenschaft ist der Kompaß des Lebens, aber sie ist nicht das Leben. Sie ist unabänderlich, unpersönlich, allgemein, abstrakt, gefühllos wie die Gesetze, deren ideale, gedachte, das heißt im Gehirn existierende Wiedergabe sie ist — im Gehirn, um uns zu erinnern, daß die Wissenschaft selbst nur ein materielles Produkt eines materiellen Organs des materiellen Organismus des Menschen, des *Gehirns*, ist. Das Leben ist ganz flüchtig und vorübergehend, aber auch ganz vibrierend von Wirklichkeit und Individualität, Gefühl, Leiden, Freuden, Streben, Bedürfnissen und Leidenschaften. Das Leben allein schafft freiwillig die Dinge und alle wirklichen Wesen. Die Wissenschaft schafft nichts, sie konstatiert und erkennt nur die

Schöpfungen des Lebens. Und jedesmal, wenn die Männer der Wissenschaft, ihre abstrakte Welt verlassend, sich in die lebende Schöpfung in der wirklichen Welt hineinmischen, ist alles, was sie vorschlagen oder schaffen, arm, lächerlich, abstrakt, ohne Blut und Leben, totgeboren, dem von Wagner, dem pedantischen Schüler des unsterblichen Doktor Faust, geschaffenen Homunkulus gleich.[+41] Daraus ergibt sich, daß die einzige Aufgabe der Wissenschaft die ist, das Leben zu erhellen, nicht, es zu leiten.

Eine Herrschaft der Wissenschaft und der Männer der Wissenschaft, selbst wenn sie sich Positivisten, Schüler Auguste Comtes, nennen oder selbst Schüler der doktrinären Schule des deutschen Kommunismus, kann nur ohnmächtig, lächerlich, unmenschlich, grausam, unterdrückend, ausbeutend und verheerend sein. Man kann von den Männern der Wissenschaft als solchen sagen, was ich von den Theologen und Metaphysikern sagte: Sie haben weder Gefühl noch Herz für persönliche lebende Wesen. Man kann ihnen nicht einmal einen Vorwurf daraus machen, denn es ist die natürliche Folge ihres Berufes. Als Männer der Wissenschaft haben sie nur mit Allgemeinheiten zu tun und interessieren sich nur für solche.

Die Wissenschaft, welche nur mit dem zu tun hat, was auszudrücken und beständig ist, d.h. mit mehr oder weniger entwickelten und bestimmten Allgemeinheiten, muß sich hier besiegt erklären von dem Leben, das allein in Verbindung steht mit der lebendigen und empfindlichen, aber unfaßbaren und unsagbaren Seite der Dinge. Das ist die wirkliche und man kann sagen die einzige Grenze der Wissenschaft, eine wirklich unüberschreitbare Grenze. Ein Naturforscher, der selbst ein wirkliches und lebendes Wesen ist, seziert beispielsweise ein Kaninchen; dieses Kaninchen ist gleichfalls ein wirkliches Wesen und war, wenigstens vor kaum einigen Stunden, eine lebende Individualität. Nachdem der Naturforscher es seziert hat, beschreibt er es: Nun, das Kaninchen, welches aus seiner Beschreibung hervorgeht, ist ein Kaninchen *im allgemeinen*, das, jeder Individualität beraubt, allen Kaninchen gleicht und deshalb nie die

Kraft zu existieren haben wird und ewig ein unbewegliches und nichtseiendes Wesen bleiben wird, nicht einmal körperlich, sondern eine Abstraktion, der festgehaltene Schatten eines lebendigen Wesens. Die Wissenschaft hat nur mit solchen Schatten zu tun. Die lebendige Wirklichkeit entschlüpft ihr und gibt sich nur dem Leben, das, weil es selbst flüchtig und vorübergehend ist, immer alles, was lebt, d.h. alles, was vergeht oder flieht, fassen kann und in der Tat faßt.

Das Beispiel des der Wissenschaft geopferten Kaninchens berührt uns wenig, weil wir uns gewöhnlich für das individuelle Leben der Kaninchen sehr wenig interessieren. Anders ist es mit dem individuellen Leben der Menschen, das die Wissenschaft und die Männer der Wissenschaft, welche gewöhnt sind, unter Abstraktionen zu leben, d.h. flüchtige und lebendige Wirklichkeiten ihren beständigen Schatten zu opfern, gleichfalls fähig wären, zu opfern oder wenigstens dem Nutzen ihrer abstrakten Allgemeinheiten unterzuordnen, wenn man sie nur machen ließe.

Die menschliche Individualität, ebenso die der unbeweglichsten Dinge, ist für die Wissenschaft gleichfalls unfaßbar und sozusagen nicht existierend. Deshalb müssen auch die lebenden Individualitäten sich gegen sie verwahren und schützen, um von ihr nicht wie das Kaninchen zum Nutzen irgendeiner Abstraktion geopfert zu werden; wie sie sich gleichzeitig gegen die Theologie, gegen die Politik und gegen die Rechtswissenschaft verwahren müssen, die alle gleichfalls an jenem abstrahierenden Charakter der Wissenschaft teilhaben und das unheilvolle Streben besitzen, die Individuen dem Vorteil derselben Abstraktion zu opfern, die nur mit verschiedenen Namen belegt wird; die Theologie nennt sie die göttliche Wahrheit, die Politik das allgemeine Wohl, die Rechtswissenschaft die Gerechtigkeit.

Ich bin weit davon entfernt, die nützlichen Abstraktionen der Wissenschaft mit den verderblichen Abstraktionen der Theologie, der Politik und der Rechtswissenschaft vergleichen zu wollen. Diese letzteren müssen aufhören zu herrschen, müssen von Grund auf aus der menschlichen Gesellschaft ausgetilgt werden — ihr Wert, ihre Befreiung, ihre endgültige Humanisierung sind nur um diesen Preis möglich —, während die wissenschaftlichen Abstraktionen im Gegenteil ihren Platz einnehmen müssen, nicht um die menschliche Gesellschaft nach dem freiheitsmörderischen Traum der positivistischen Philosophen zu regieren, sondern um ihre natürliche und lebendige Entwicklung zu beleuchten. Die Wissenschaft kann wohl Anwendung auf das Leben finden, aber nie sich im Leben verkörpern, weil das Leben die unmittelbare und lebendige Wirkung, die gleichzeitig natürliche und schicksalsbestimmte Bewegung der lebendigen Individualitäten ist. Die Wissenschaft ist nur die immer unvollständige und unvollkommene Abstraktion dieser Bewegung. Wenn sie sich ihm als unbedingte Lehre, als herrschende Autorität aufzwingen würde, würde sie es arm machen, verdrehen und lähmen. Die Wissenschaft kann nicht aus ihren Abstraktionen hinaus, sie sind ihr Reich. Aber die Abstraktionen und ihre unmittelbaren Vertreter: Priester, Politiker, Juristen, Ökonomisten und Gelehrte müssen aufhören, die Volksmassen zu beherrschen. Der ganze Fortschritt der Zukunft liegt darin. Er ist das Leben und die Bewegung des Lebens, die individuelle und soziale Wirkung der Menschen, die ihrer vollständigen Freiheit zurückgegeben sind. Er ist die vollständige Vernichtung des Autoritätsprinzips. Und wie? Durch die weiteste Verbreitung der freien Wissenschaft im Volk. Auf diese Weise wird die soziale Masse außerhalb sich selbst keine sogenannte absolute Wahrheit mehr haben, die sie lenkt und beherrscht, die vertreten ist von Persönlichkeiten, welche ein großes Interesse daran haben, sie ausschließlich in ihren Händen zu halten, weil sie ihnen die Macht, und mit der Macht den Reichtum, die Möglichkeit gibt, durch die Arbeit der Volksmassen zu leben. Diese Masse wird aber in sich selbst eine immer relative, aber wirkliche Wahrheit, ein Licht haben, welches ihre natürlichen Bewegungen erhellt und jede Autorität und jede äußere Leitung unnötig machen wird.

Jedoch darf man sich nicht zu sehr darauf verlassen, und wenn es beinahe sicher ist, daß kein Gelehrter heute wagen wird, einen Menschen wie ein Kaninchen zu behandeln, muß man doch stets fürchten, daß die Gelehrten als Körperschaft lebende Menschen wissenschaftlichen Versuchen unterwerfen, die für die Opfer gewiß weniger grausam, aber nicht weniger schädlich sein würden. Wenn die Gelehrten an den Körpern einzelner Menschen nicht experimentieren können, werden sie verlangen, am sozialen Körper Versuche zu machen, was man unbedingt verhindern muß.

In ihrer gegenwärtigen Organisation, als Monopolisten der Wissenschaft, die als solche außerhalb des sozialen Lebens bleiben, bilden die Gelehrten eine abgeschlossene Kaste, die viele Ähnlichkeiten mit der Priesterkaste hat. Die wissenschaftliche Abstraktion ist ihr Gott, die lebenden und wirklichen Individuen sind die Opfer; sie sind die geweihten und patentierten Opferpriester.

Die Wissenschaft kann die Sphäre der Abstraktionen nicht verlassen. In dieser Beziehung steht sie unendlich tief unter der Kunst, die zwar auch nur mit allgemeinen Typen und Situationen zu tun hat, dieselben aber durch einen ihr eigenen Kunstgriff in Formen zu verkörpern weiß, die zwar nicht im Sinn des wirklichen Lebens lebendig sind, aber trotzdem in unserer Einbildung das Gefühl oder die Erinnerung dieses Lebens hervorrufen; die Kunst individualisiert gewissermaßen die von ihr erfaßten Typen und Situationen und erinnert uns durch diese Individualitäten ohne Fleisch und Knochen, deren Schaffung in ihrer Macht liegt, die deshalb bleibend und unsterblich sind, an die lebenden, wirklichen Individualitäten, die vor unseren Augen erscheinen und vergehen. Die Kunst ist also in gewissem Grade die Rückkehr von der Abstraktion zum Leben. Die Wissenschaft ist dagegen die beständige Opferung des flüchtigen, vorübergehenden, aber wirklichen Lebens auf dem Altar der ewigen Abstraktionen.

Die Wissenschaft kann ebensowenig die Individualität eines Menschen wie die eines Kaninchens erfassen. Das heißt, sie steht beiden gleich uninteressiert gegenüber. Nicht, daß ihr das Prinzip der Individualität unbekannt wäre. Sie erfaßt es vollständig als Prinzip, aber nicht als Tatsache. Sie weiß sehr gut, daß alle Tierarten, die Gattung Mensch inbegriffen, nur wirklich existieren als unbestimmte Zahl von Individuen, die geboren werden und sterben und neuen, ebenso vorübergehenden Individuen Platz machen. Sie weiß, daß mit dem Aufsteigen der Tierarten zu höheren Arten das Prinzip der Individualität mehr hervortritt und die Individuen vollständiger und freier werden. Sie weiß endlich, daß der Mensch, das letzte und vollendetste Tier auf der Erde, die vollständigste und beachtenswerteste Individualität zeigt wegen seiner Fähigkeit, das allgemeine Gesetz zu erfassen, zu verwirklichen und es gewissermaßen in sich selbst, in seiner sozialen und privaten Existenz, zu verkörpern. Wenn sie nicht durch theologischen oder metaphysischen, politischen und juristischen Doktrinarismus oder durch eng wissenschaftlichen Hochmut verdorben und nicht für die natürlichen Instinkte und Strebungen des Lebens taub ist, weiß sie, und das ist ihr letztes Wort, daß die Achtung des Menschen das oberste Gesetz der Menschheit ist und daß das große, das wahre, das einzig rechtmäßige Ziel der Geschichte die Humanisierung und Befreiung, das heißt die wirkliche Freiheit, das wirkliche Wohl, das Glück jedes in der Gesellschaft lebenden Individuums ist. Denn schließlich, wenn man nicht in die freiheitstötende Fiktion, daß der Staat das Gemeinwohl vertrete, verfallen will, eine Fiktion, die stets auf die systematische Opferung der Volksmassen gegründet ist, muß man anerkennen, daß kollektive Freiheit und kollektives Wohlbefinden nur existieren, wenn sie die Summe der Freiheit und des Wohlbefindens der Individuen darstellen.

Die Wissenschaft weiß das alles, aber sie geht nicht weiter und kann nicht weiter gehen. Da die Abstraktion ihre wahre Natur bildet, kann sie wohl das Prinzip der wirklichen und lebenden Individualität erfassen, aber sie kann nichts mit den wirklichen und lebenden Individuen zu tun haben. Sie beschäftigt sich mit den Individuen im allgemeinen, aber nicht mit Peter und mit Jakob, nicht mit diesem oder jenem Individuum, die für sie nicht existieren, nicht existieren können. Ihre Individuen sind, nochmals bemerkt, nur Abstraktionen.

Nicht diese abstrakten Individualitäten aber, sondern die wirklichen, lebendigen, vorübergehenden Individuen machen die Geschichte. Abstraktionen haben keine Füße, sie gehen nur, wenn sie von wirklichen Menschen getragen werden. Für diese wirklichen Wesen, die nicht nur in der Idee, sondern in Wirklichkeit aus Fleisch und Blut bestehen, hat die Wissenschaft kein Interesse. Sie betrachtet sie höchstens als Material zu geistiger und sozialer Entwicklung. Was liegt ihr an den besonderen Verhältnissen und dem zufälligen Schicksal von Peter und Jakob? Sie würde sich lächerlich machen, abdanken und sich selbst aufheben, wollte sie sich damit anders befassen als mit einem Beispiel zur Stütze ihrer ewigen Theorien. Und es wäre lächerlich, ihr deshalb böse zu sein; denn dies ist nicht ihre Aufgabe. Sie kann das Wirkliche nicht erfassen, sie kann sich nur in Abstraktionen bewegen. Ihre Aufgabe ist die Beschäftigung mit der Lage und den allgemeinen Daseins- und Entwicklungsbedingungen der Menschheit im allgemeinen oder einer bestimmten Rasse, eines Volkes, einer Klasse von Individuen, mit den allgemeinen Ursachen ihrer Wohlfahrt oder ihres Verfalls und den allgemeinen Mitteln, auf jede Weise den Fortschritt zu fördern. Wenn sie nur diese Aufgabe in weitem, vernünftigem Sinn erfüllt, hat sie ihre ganze Pflicht getan, und es wäre wahrhaft lächerlich und ungerecht, mehr von ihr zu verlangen.

Aber es wäre ebenso lächerlich und unheilvoll, ihr eine Aufgabe anzuvertrauen, die sie unfähig ist durchzuführen. Da ihre eigene Natur sie zwingt, das Dasein und das Schicksal von Peter und Jakob zu übergehen, darf man nie erlauben, daß sie selbst oder jemand in ihrem Namen Peter und Jakob beherrscht. Denn sie wäre wohl imstande, sie beinahe so zu behandeln, wie sie die Kaninchen behandelt. Oder vielmehr, sie würde fortfahren, sie außer acht zu lassen, ihre patentierten Vertreter aber, die durchaus nicht abstrakte, sondern sehr lebendige Männer mit sehr wirklichen Interessen sind, würden dem verderblichen Einfluß nachgeben, den jedes Vorrecht unvermeidlich auf die Menschen ausübt, und würden die Menschen im Namen der Wissenschaft schinden, wie die Priester, die Politiker aller Farben und die Advokaten im Namen Gottes, des Staates und des juristischen Rechts sie bis jetzt geschunden haben.

Was ich predige, ist also, bis zu einem gewissen Grade, *die Empörung des Lebens gegen die Wissenschaft oder vielmehr gegen die Herrschaft der Wissenschaft*, nicht um die Wissenschaft zu zerstören — dies wäre ein Verbrechen an der Menschheit —, sondern um sie an ihren Platz zu weisen, den sie nie wieder verlassen sollte. Bis jetzt war die ganze Geschichte der Menschheit nur ein beständiges und blutiges Opfern von Millionen armer menschlicher Wesen für irgendeine unerbittliche Abstraktion: Götter, Vaterland, Staatsmacht, nationale Ehre, geschichtliche Rechte, juristische Rechte, politische Freiheit, öffentliches Wohl. Solcher Art war bis jetzt die natürliche, freiwillige, unvermeidliche Bewegung der menschlichen Gesellschaften. Wir können nichts daran ändern; wir müssen es, was die Vergangenheit betrifft, annehmen, wie wir alles natürliche Unheil annehmen. Man muß glauben, daß dies der einzig mögliche Weg zur Erziehung des Menschengeschlechts war. Denn man darf sich nicht täuschen: Selbst wenn man den machiavellistischen Künsten der herrschenden Klassen den größten Anteil zuschreibt, müssen wir anerkennen, daß keine Minderheiten mächtig genug gewesen wären, all diese schrecklichen Opfer den Massen aufzulegen, wenn es nicht in diesen Massen selbst eine freiwillige, schwindelartige Bewegung gegeben hätte, die sie dazu trieb, sich immer von neuem einer dieser verzehrenden Abstraktionen zu opfern, die, wie die Vampire der Geschichte, sich immer von menschlichem Blut nährten.

Daß die Theologen, Politiker und Juristen dies sehr schön finden, ist klar. Als Priester dieser Abstraktionen leben sie nur von dieser beständigen Opferung der Volksmassen. Ebensowenig darf erstaunen, wenn auch die Metaphysik ihre Zustimmung dazu gibt. Ihre einzige Aufgabe ist ja, das Unbillige und Unsinnige zu rechtfertigen und möglichst vernünftig erscheinen zu lassen. Daß aber selbst die positive Wissenschaft bis jetzt das gleiche Bestreben zeigte, müssen wir feststellen und beklagen. Sie konnte es nur aus zwei Ursachen tun: einmal, weil sie, außerhalb des Volkslebens stehend, von einer bevorrechteten Körperschaft vertreten wird, und dann, weil sie sich selbst bis jetzt als absolutes und letztes Ziel aller menschlichen Entwicklung aufgestellt hat, während sie aufgrund bedachter Kritik, die sie anzuwenden fähig ist und die sie sich letzten Endes gegen sich selbst anzuwenden gezwungen sehen wird, hätte verstehen müssen, daß sie nur ein notwendiges Mittel zur Verwirklichung eines viel höheren Zweckes ist: das der vollständigen Humanisierung der *wirklichen* Lage aller *wirklichen* Individuen, die auf der Erde geboren werden, leben und sterben.

Der ungeheure Vorzug der positiven Wissenschaft vor der Theologie, Metaphysik, Politik und dem juristischen Recht besteht darin, daß sie statt der von diesen Lehren verkündeten lügenhaften und unheilvollen Abstraktionen wahre Abstraktionen aufstellt, welche die allgemeine Natur oder die Logik der Tatsachen selbst, ihre allgemeinen Beziehungen und die allgemeinen Gesetze ihrer Entwicklung ausdrücken. Dies trennt sie scharf von allen vorhergehenden Lehren und wird ihr immer eine große Stellung in der menschlichen Gesellschaft sichern. Sie wird gewissermaßen deren kollektives Bewußtsein bilden. Andererseits aber schließt sie sich all diesen Lehren vollständig an: dadurch, daß sie als Gegenstand nur Abstraktionen hat und haben kann und durch ihr Wesen gezwungen ist, die wirklichen Individuen außer acht zu lassen, außerhalb welcher selbst die richtigsten Abstraktionen keine wirkliche Existenz haben. Um diesen wesentlichen Fehler zu beheben, müßte sich das praktische Vorgehen der vorgenannten Lehren und das der positiven Wissenschaft in folgendem unterscheiden. Erstere benutzten die Unwissenheit der Massen, um sie mit Wollust ihren Abstraktionen zu opfern, die übrigens für ihre Vertreter stets sehr einträglich sind. Letztere muß in Erkenntnis ihrer absoluten Unfähigkeit, die wirklichen Individuen zu erfassen und sich für ihr Schicksal zu interessieren, endgültig und unbedingt auf die Regierung der Gesellschaft verzichten; denn wenn sie sich um dieselbe kümmern sollte, könnte sie nichts anderes tun, als stets die lebenden Menschen, die die Welt kennt, ihren Abstraktionen zu opfern, die den einzigen sie wirklich beschäftigenden Gegenstand bilden.

Die wahre Geschichtswissenschaft zum Beispiel ist noch nicht, und man beginnt heutzutage kaum, sich von ihren unendlich verwickelten Bedingungen eine Vorstellung zu machen. Aber nehmen wir an, diese Wissenschaft bestehe: Was wird sie uns geben können? Sie wird das treue, wohldurchdachte Bild der natürlichen Entwicklung der allgemeinen, materiellen und ideellen, wirtschaftlichen, politischen und sozialen, religiösen, philosophischen, ästhetischen und wissenschaftlichen Verhältnisse der Gesellschaften geben, welche eine Geschichte gehabt haben. Aber dieses allgemeine Bild der menschlichen Kultur, wie sehr es auch in die Einzelheiten gehen mag, wird stets nur allgemeine und folglich *abstrakte* Würdigungen enthalten können in dem Sinn, daß die Milliarden menschlicher Individuen, welche *den lebenden und leidenden Stoff* dieser Geschichte bilden, die zugleich triumphierend und trostlos ist — triumphierend im Hinblick auf ihre allgemeinen Ergebnisse, trostlos mit Hinsicht auf die ungeheure, »unter ihrem Wagen erdrückte« Hekatombe[+42] menschlicher Opfer —; daß diese Milliarden schattenhafter Individuen, ohne welche aber keines dieser großen abstrakten Resultate der Geschichte erreicht worden wäre und die, wohlgemerkt, nie den Vorteil von einem dieser Ergebnisse hatten; daß diese Individuen also nicht einmal den geringsten Platz in der Geschichte finden würden. Sie lebten und wurden zum Wohl der abstrakten Humanität geopfert und vernichtet.

Sollen wir daraus der Geschichtswissenschaft einen Vorwurf machen? Dies wäre lächerlich und ungerecht. Individuen sind unfaßbar für das Denken, die Überlegung, selbst für das menschliche Wort, das nur Abstraktionen auszudrücken fähig ist, unfaßbar in der Gegenwart wie in der Vergangenheit. Auch die Sozialwissenschaft, die Wissenschaft der Zukunft, wird also notgedrungen fortfahren, sie nicht in den Kreis ihrer Betrachtungen zu ziehen. Wir haben nur das Recht, von ihr zu verlangen, daß sie uns mit fester und treuer Hand die allgemeinen Ursachen der persönlichen Leiden anzeigt, und unter diesen Ursachen wird sie gewiß die leider nur zu häufige Opferung und Unterordnung von lebenden Individuen zugunsten abstrakter Allgemeinheiten nicht vergessen, und sie möge uns gleichzeitig *die allgemeinen Bedingungen der wirklichen Befreiung der lebenden Individuen in der Gesellschaft zeigen*. Dies ist ihre Aufgabe, dies sind auch ihre Grenzen, außerhalb welcher die Tätigkeit der Sozialwissenschaft nur ohnmächtig und verhängnisvoll sein könnte. Denn jenseits dieser Grenzen beginnen die doktrinären und Regierungsansprüche ihrer patentierten Vertreter, ihrer Priester. Und es ist an der Zeit, mit allen Päpsten und Priestern ein Ende zu machen: Wir wollen keine mehr, selbst wenn sie sich sozialistische Demokraten nennen würden.

Noch einmal: Die einzige Aufgabe der Wissenschaft ist, den Weg zu erhellen. Aber nur das von allen Regierungs- und doktrinären Fesseln befreite, der Fülle seiner natürlichen Tätigkeit wiedergegebene Leben kann schöpferisch tätig sein.

Wie ist dieser Widerspruch zu lösen?

Die Wissenschaft ist einerseits zur vernünftigen Organisation der Gesellschaft unentbehrlich, andererseits darf sie, da sie unfähig ist, sich für das Wirkliche und Lebendige zu interessieren, sich nicht um die wirkliche oder praktische Organisation der Gesellschaft kümmern.

Dieser Widerspruch kann nur auf eine Art gelöst werden: durch die Auflösung der Wissenschaft als außerhalb des sozialen Lebens aller existierendes Wesen, das als solches von einer Körperschaft patentierter Gelehrter vertreten wird, und durch ihre Verbreitung in den Volksmassen. Die Wissenschaft, die berufen ist, hinfort das kollektive Bewußtsein der Gesellschaft zu vertreten, muß wirklich Eigentum aller werden. Ohne ihren universellen Charakter zu verlieren, den sie nie aufgeben kann, ohne aufzuhören, Wissenschaft zu sein, und fortfahrend sich mit den allgemeinen Verhältnissen und Beziehungen der Individuen und Dinge zu beschäftigen, wird sie tatsächlich mit dem unmittelbaren und wirklichen Leben aller Individuen verschmelzen. Diese Bewegung wird derjenigen ähnlich sein, welche die Protestanten zu Anfang der Reformation sagen ließ, daß man jetzt keine Priester mehr brauche, da jeder Mensch jetzt sein eigener Priester werde, da jeder Mensch allein dank der unsichtbaren Vermittlung unseres Herrn Jesu Christi, jetzt seinen Herrgott in sich habe. Aber hier handelt es sich nicht um den Herrn Jesus Christus, noch um den Herrgott, noch um politische Freiheit, juristisches Recht, was bekanntlich alles theologisch oder metaphysisch offenbarte und gleich unverdauliche Dinge sind. Die Welt der wissenschaftlichen Abstraktionen ist nicht offenbart, sie ist der wirklichen Welt eigen und ist deren Ausdruck und allgemeine oder abstrakte Darstellung. Solange diese ideale Welt eine getrennte Region bildet, die speziell von der Körperschaft der Gelehrten vertreten wird, droht sie der wirklichen Welt gegenüber den Platz Gottes einzunehmen und ihren patentierten Vertretern das Priesteramt vorzubehalten. Deshalb ist es notwendig, durch allgemeinen, für alle und alle Geschlechter gleichen Unterricht die abgeschlossene soziale Organisation der Wissenschaft aufzulösen, damit die Massen aufhören, von bevorrechteten Hirten geführte und geschorene Herden zu sein, und von jetzt ab ihr Schicksal selbst in die Hand nehmen können.[6]

Dürfen aber die Massen, bis sie diesen Bildungsgrad erreicht haben, von den Männern der Wissenschaft geleitet wer-

---

6 Die Wissenschaft, die das Erbgut aller wird, wird sich gewissermaßen dem unmittelbaren und wirklichen Leben jedes einzelnen vermählen. Sie wird an Nützlichkeit und Grazie gewinnen, was sie an Stolz, Ehrgeiz und doktrinärem Pedantismus verlieren wird. Dies wird gewiß nicht verhindern, daß Männer von Genie, die besser als die Mehrzahl ihrer Zeitgenossen für wissenschaftliche Spekulationen befähigt sind, sich ausschließlicher als andere der Pflege der Wissenschaften widmen und der Menschheit große Dienste leisten werden, ohne anderen sozialen Einfluß, den eine überlegene Intelligenz immer auf ihre Umgebung ausübt, und ohne eine andere Belohnung zu suchen als den hohen Genuß, den jeder hohe Geist in der Befriedigung einer edlen Leidenschaft findet.

den? Gott bewahre! Es wäre für sie besser, sich ohne Wissenschaft zu behelfen, als sich von den Gelehrten *regieren* zu lassen. Die erste Folge einer Gelehrtenregierung wäre, daß die Wissenschaft dem Volke unzugänglich würde, und eine solche Regierung würde notwendigerweise eine aristokratische sein, weil die Wissenschaft, wie sie gegenwärtig besteht, eine aristokratische Einrichtung ist. Aristokratie der Intelligenz — in praktischer Beziehung die unbarmherzigste, in sozialer Hinsicht die anmaßendste und herausforderndste —, dies wäre die im Namen der Wissenschaft errichtete Macht. Diese Regierung wäre imstande, Leben und Bewegung der Gesellschaft zu lähmen. Die Gelehrten, die immer anspruchsvoll und dünkelhaft, immer ohnmächtig sind, würden sich um alles kümmern wollen, und alle Quellen des Lebens würden unter ihrem abstrakten und gelehrten Hauch austrocknen.

Noch einmal: Das Leben, nicht die Wissenschaft, schafft das Leben; nur die natürliche Tätigkeit des Volkes selbst kann die Volksfreiheit schaffen. Es wäre gewiß ein großes Glück, wenn die Wissenschaft schon heute den natürlichen Zug des Volkes seiner Befreiung entgegen erhellen könnte. Aber gar kein Licht ist noch besser als ein falsches, das spärlich von außen leuchtet mit dem klaren Zweck, das Volk irrezuführen. Übrigens wird das Licht dem Volk nicht ganz fehlen. Nicht vergeblich durchlief ein Volk eine lange geschichtliche Laufbahn und zahlte für seine Irrtümer mit Jahrhunderten schrecklicher Leiden. Die praktische Zusammenfassung dieser schmerzlichen Erfahrungen bildet eine Art überlieferter Wissenschaft, die in gewisser Hinsicht so viel wert ist wie die theoretische Wissenschaft. Endlich werden Teile der studierenden Jugend, diejenigen Bourgeois-Studenten, die hinreichend Haß gegen die Lüge, die Heuchelei, die Nichtswürdigkeit und Feigheit der Bourgeoisie empfinden, um in sich den Mut zu finden, ihr den Rücken zu kehren, und hinreichende Leidenschaft, um ohne Vorbehalt die gerechte und menschliche Sache des Proletariats zu der ihren zu machen, wie ich schon sagte, die brüderlichen Unterweiser des Volkes sein; wenn sie ihm die noch fehlenden Kenntnisse bringen, werden sie die Regierung der Gelehrten ganz unnötig machen.

Wenn das Volk sich vor der Regierung der Gelehrten hüten muß, so muß es noch mehr vor der der erleuchteten Idealisten auf der Hut sein. Je aufrichtiger diese Gläubigen und Dichter des Himmels sind, desto gefährlicher werden sie. Die wissenschaftliche Abstraktion, sagte ich, ist eine vernünftige, in ihrem Wesen wahre Abstraktion, die dem Leben notwendig ist, dessen theoretische Darstellung, dessen Bewußtsein sie ist. Sie kann und muß vom Leben aufgenommen und verarbeitet werden. Die idealistische Abstraktion, Gott, ist ein ätzendes Gift, welches das Leben zerstört und zersetzt, fälscht und tötet. Der Hochmut der Idealisten, der kein persönlicher, sondern ein göttlicher ist, ist unbesiegbar und unversöhnlich. Er kann und muß sterben, wird aber nie weichen, und noch mit dem letzten Atemzug wird er versuchen, die Welt unter den Fuß seines Gottes zu knechten, geradeso wie die preußischen Leutnants, diese praktischen Idealisten Deutschlands, sie unter dem gespornten Stiefel ihres Königs zertreten zu sehen wünschen. Der Glaube ist derselbe — seine Gegenstände sind nicht einmal sehr verschieden —, und der Glaube zeitigt dasselbe Ergebnis: Knechtschaft.

Dies ist gleichzeitig der Triumph des krassesten und brutalsten Materialismus: Für Deutschland bedarf dies keines Beweises, denn man müßte wirklich blind sein, um es im gegenwärtigen Augenblick nicht zu sehen. Aber ich halte es für nötig, dies auch in bezug auf den göttlichen Idealismus zu beweisen.

Der Mensch ist, wie die ganze übrige Welt, ein vollständig materielles Wesen. Der Geist, die Fähigkeit zu denken, die verschiedenen äußeren und inneren Eindrücke zu empfangen und zurückzuwerfen, sich der vergangenen zu erinnern und sie durch das Gedächtnis wieder hervorzubringen, sie zu vergleichen und zu unterscheiden, gemeinsame Eigenschaften zu abstrahieren und so allgemeine oder abstrakte Begriffe zu schaffen, schließlich durch verschiedene Gruppierung und Zusammenfassung der Begriffe Ideen zu bilden, — die Intelligenz mit einem Wort, der einzige Schöpfer all unserer idealen Welt, gehört dem tierischen Körper an und insbesondere der ganz materiellen Organisation des Gehirns.

Wir wissen dies ganz bestimmt durch die allgemeine Erfahrung, die durch nichts je widerlegt wurde und die jeder Mensch in jedem Augenblick seines Lebens nachprüfen kann. In allen Tieren, die niedrigsten Arten nicht ausgenommen, finden wir einen gewissen Grad von Intelligenz, und wir sehen, daß in der Reihe der Arten die tierische Intelligenz sich um so mehr entwickelt, je mehr sich der Organismus einer Art dem des Menschen nähert, daß sie aber im Menschen allein zu jener Macht der Abstraktion gelangt, welche eigentlich das Denken ausmacht.

Die allgemeine Erfahrung,[7] welche in ihrer Ganzheit der einzige Ursprung, die Quelle all unserer Kenntnisse ist, zeigt uns also *erstens*, daß jedes Tier Intelligenz besitzt, *zweitens*, daß die Intensität, die Kraft dieser tierischen Funktion, von der relativen Vollkommenheit des tierischen Organismus abhängt. Dieses zweite Ergebnis der allgemeinen Erfahrung ist nicht nur auf die verschiedenen Tierarten anwendbar; wir stellen das gleiche bei den Menschen fest, deren geistige und moralische Kraft nur zu deutlich von der größeren oder geringeren Vollkommenheit ihres Organismus als Rasse, als Nation, als Klasse und als Individuum abhängt, so daß es nicht nötig ist, diesen Punkt besonders hervorzuheben.[8]

---

7 Man muß die allgemeine *Erfahrung*, auf die sich die ganze Wissenschaft gründet, wohl unterscheiden von dem allgemeinen *Glauben*, auf den die Idealisten ihren Glauben stützen wollen; erstere ist die wirkliche Feststellung wirklicher Tatsachen, letztere nur eine Vermutung von Tatsachen, die niemand gesehen hat und die folglich mit der Erfahrung aller in Widerspruch stehen.

8 Die Idealisten, alle, die an die Geistigkeit und Unsterblichkeit der menschlichen Seele glauben, müssen in sehr großer Verlegenheit

Andererseits ist es sicher, daß kein Mensch je den reinen, von jeder körperlichen Form losgelösten, von einem tierischen Körper getrennten Geist sah oder sehen konnte. Wenn ihn aber

---

sein gegenüber den Unterschieden zwischen der Intelligenz der Rassen, Völker und Individuen. Wenn sie nicht annehmen wollen, daß die göttlichen Teilchen ungleichmäßig verteilt sind, wie wollen sie diese Verschiedenheit erklären? Es gibt leider eine viel zu große Zahl ganz dummer Menschen, die bis zum Idiotismus dumm sind. Haben diese etwa ein gleichzeitig göttliches und dummes Teilchen bei der Verteilung erhalten? Um aus dieser Verlegenheit herauszukommen, müssen die Idealisten annehmen, daß alle menschlichen Seelen gleich sind, daß aber die Gefängnisse, in denen sie eingesperrt sind — die menschlichen Körper —, ungleich sind, teils mehr, teils weniger geeignet, der reinen Geistigkeit der Seele als Organ zu dienen. Eine Seele hätte z.B. sehr feine Organe zur Verfügung, eine andere sehr grobe. Aber das sind Unterscheidungen, die der Idealismus zu machen nicht berechtigt ist, deren er sich nicht bedienen darf, ohne selbst der Inkonsequenz und dem größten Materialismus zu verfallen. Denn vor der absoluten Geistigkeit der Seele verschwinden alle körperlichen Unterschiede, da alles Körperliche, Materielle indifferent, gleich und absolut grob erscheinen muß. Der die Seele vom Körper, die absolute Geistigkeit von der unbedingten Körperlichkeit trennende Abgrund ist unendlich; folglich müssen alle übrigens unerklärlichen und logisch unmöglichen Unterschiede, die jenseits des Abgrunds, in der Materie, existieren mögen, für die Seele als nicht existierend betrachtet werden und können und dürfen auf sie keinen Einfluß ausüben. Mit einem Wort, das absolut Geistige kann nicht von dem absolut Materiellen enthalten, umschlossen und noch weniger in irgendeinem Grade ausgedrückt werden. Von allen von der Unwissenheit und ursprünglichen Dummheit der Menschen erzeugten groben und materialistischen Einbildungen — materialistisch in dem Sinn, den die Idealisten diesem Wort geben, das heißt brutal — ist die Einbildung einer in einen materiellen Körper gesperrten, nicht materiellen Seele gewiß die gröbste und krasseste, und nichts zeigt besser die Allmacht aller Vorurteile selbst über die besten Geister, als die wirklich beklagenswerte Tatsache, daß Männer von hoher Intelligenz noch heute davon reden können.

nie jemand sah, wie konnten die Menschen zu dem Glauben an seine Existenz gelangen? Denn dieser Glaube steht allgemein fest, und er ist, wenn auch nicht universell, wie die Idealisten behaupten, so doch wenigstens sehr allgemein und als solcher ganz unserer aufmerksamen Beachtung wert; denn ein allgemeiner Glaube, wie dumm er auch sein mag, übt immer einen allzu mächtigen Einfluß auf die Geschicke der Menschheit aus, als daß es erlaubt wäre, ihn außer acht zu lassen oder von ihm abzusehen.

Die Tatsache dieses Glaubens erklärt sich übrigens auf natürliche und vernünftige Weise. Das Beispiel von Kindern und Jünglingen, selbst von vielen Erwachsenen, zeigt uns, daß der Mensch seine geistigen Fähigkeiten schon lange gebrauchen kann, bevor er sich darüber Rechenschaft ablegt, wie er sie ausübt, bevor er zum klaren und genauen Bewußtsein dieser Ausübung kommt. In dieser Zeit, in welcher der Geist seiner selbst unbewußt in Tätigkeit tritt, in der die Intelligenz naiv oder gläubig tätig ist, schafft der von der äußeren Welt bedrückte Mensch, von dem inneren Stachel, dem Leben und den vielartigen Bedürfnissen des Lebens getrieben, eine Menge Einbildungen, Begriffe und Ideen, die notwendigerweise zuerst sehr unvollkommen sind und der Wirklichkeit der Dinge und Tatsachen, die sie sich auszudrücken bemühen, sehr wenig entsprechen. Und da er sich seiner eigenen Verstandestätigkeit nicht bewußt ist, da er noch nicht weiß, daß er selbst diese Einbildungen, Begriffe und Ideen hervorbringt und hervorzubringen fortfährt, da er selbst ihren ganz subjektiven, das heißt menschlichen Ursprung nicht kennt, betrachtet er sie natürlich mit Notwendigkeit als objektive Wesen, als wirkliche Wesen, die von ihm selbst ganz unabhängig durch sich selbst und in sich selbst sind.

Auf diese Weise schufen die Naturvölker, die langsam ihre tierische Unschuld verließen, ihre Götter. Nachdem sie sie geschaffen, fiel ihnen nicht ein, daß sie selbst ihre einzigen Schöpfer waren, und sie beteten sie an, betrachteten sie als wirkliche, ihnen selbst unendlich überlegene Wesen, legten ihnen Allmacht bei und erklärten sich als ihre Geschöpfe, ihre Sklaven. Mit der Weiterentwicklung der menschlichen Ideen idealisierten sich auch die Götter, die, wie ich bemerkte, stets nur der phantastische, ideale, poetische Widerschein oder das verkehrte Bild dieser Ideen waren. Aus groben Fetischen wurden sie allmählich zu reinen Geistern, die außerhalb der sichtbaren Welt existieren, und zum Schluß, als Folge einer langen geschichtlichen Entwicklung, verschmolzen sie in ein einziges göttliches Wesen, den reinen, ewigen, absoluten Geist, den Schöpfer und Herrn der Welten.

In jeder richtigen oder falschen, wirklichen oder eingebildeten Entwicklung kostet immer der erste Schritt am meisten, ist die erste Handlung die schwierigste. Wenn der erste Schritt getan, die erste Handlung vollzogen, folgt das übrige in natürlicher Weise als notwendige Folge. Das Schwierige in der geschichtlichen Entwicklung dieses schrecklichen religiösen Wahnsinns, der uns noch immer besessen hält und erdrückt, war also die Aufstellung einer göttlichen Welt als solcher, außerhalb der wirklichen Welt. Dieser erste Akt der Verrücktheit, so natürlich er vom psychologischen Gesichtspunkt und so notwendig er demzufolge in der Geschichte der Menschheit sein mag, vollzog sich nicht auf einen Schlag. Es brauchte ich weiß nicht wie viele Jahrhunderte, um diesen Glauben zu entwickeln und in die geistigen Gewohnheiten der Menschen eindringen zu lassen. Nachdem er sich aber einmal festgesetzt hatte, wurde er allmächtig, wie dies notwendigerweise jede Verrücktheit wird, die sich des menschlichen Gehirns bemächtigt. Man nehme einen Narren: Welches immer der besondere Gegenstand seiner Narrheit sein mag, man wird finden, daß die dunkle und fixe Idee, die von ihm Besitz ergriffen, ihm die natürlichste Sache von der Welt scheint, während dagegen die dieser Idee widersprechenden natürlichen und wirklichen Tatsachen ihm lächerlicher und verhaßter Wahnsinn zu sein scheinen. Nun, die Religion ist ein gemeinsamer Wahnsinn, der um so mächtiger ist, weil es ein überlieferter Wahnsinn ist, dessen Ursprung sich in das entfernteste Altertum verliert. Als allgemeiner Wahnsinn drang sie in alle öffentlichen und privaten Einzelheiten des sozialen Daseins eines Volkes ein, verkörperte sich in der Gesellschaft, wurde sozusagen deren Seele und gemeinsamer Gedanke. Jeder Mensch ist von seiner Geburt an von ihr umringt, nimmt sie mit der Muttermilch in sich auf, nimmt sie auf mit allem, was er hört und sieht. Er wurde damit so sehr genährt, vergiftet und in seinem ganzen Wesen durchdrungen, daß er später, wie mächtig auch sein natürlicher Verstand sein mag, unerhörte Anstrengungen machen muß, sich von ihr zu befreien, und nie gelingt ihm dies vollständig. Unsere modernen Idealisten sind ein Beweis hierfür; ein weiterer Beweis sind unsere doktrinären Materialisten, die deutschen Kommunisten: Sie konnten sich von der Religion des Staates nicht losmachen.

Sobald einmal die übernatürliche, die göttliche Welt sich in der überlieferten Einbildung der Völker festgesetzt hatte, ging die Entwicklung der verschiedenen religiösen Systeme ihren natürlichen und logischen Lauf, immer übrigens der gleichzeitigen tatsächlichen Entwicklung der wirtschaftlichen und politischen Beziehungen entsprechend, deren treue Wiedergabe und göttliche Weihe in der Welt der religiösen Phantasie sie stets war. So entwickelte sich der gemeinsame geschichtliche Wahnsinn, den man Religion nennt, vom Fetischismus, durch alle Grade des Polytheismus bis zum christlichen Monotheismus.

Der zweite Schritt in der Entwicklung des religiösen Glaubens, nach der Errichtung einer getrennten göttlichen Welt gewiß der schwerste, war gerade dieser Übergang vom Polytheismus zum Monotheismus, vom religiösen Materialismus der Heiden zum vergeistigten Glauben der Christen. Die heidnischen Götter, dies war ihr wesentlicher Charakterzug, waren vor allem ausschließlich nationale Götter. Da sie ferner zahlreich waren, bewahrten sie notwendigerweise mehr oder weniger einen körperlichen Charakter, oder vielmehr, weil sie körperlich waren, waren sie so zahlreich, da Verschiedenheit eine der Haupteigenschaften der wirklichen Welt ist. Die heidnischen

Götter waren noch nicht im eigentlichen Sinn die Verneinung der wirklichen Dinge, sie waren nur ihre phantastische Übertreibung.

Um auf den Trümmern ihrer so zahlreichen Altäre den Altar eines einzigen und obersten Gottes, des Herrn der Welt, zu errichten, mußte also zuerst das selbständige Dasein der verschiedenen Nationen der heidnischen oder antiken Welt zerstört werden. Dies taten die Römer auf sehr brutale Weise; sie schufen durch Eroberung des größten Teils der den Alten bekannten Welt gewissermaßen den ersten, gewiß noch ganz negativen und groben Entwurf der Idee der Menschheit.

Ein Gott, der sich so über alle materiellen und sozialen nationalen Unterschiede aller Länder erhob, der in gewissem Sinn deren direkte Verneinung war, mußte ein unkörperliches und abstraktes Wesen sein. Aber der so schwierige Glaube an das Dasein eines solchen Wesens konnte nicht auf einen Schlag entstehen. [...] Zur Befruchtung dieser geschichtlichen Elemente, zur Hervorbringung einer Reihe neuer geschichtlicher Wandlungen aus ihnen ist eine lebende, natürliche Tatsache nötig, ohne welche sie noch jahrhundertelang nichts zeugende Elemente hätten bleiben können. Diese Tatsache fehlte dem Christentum nicht: Es war das Leben, das Leiden und der Tod Jesu Christi.

Wir wissen beinahe nichts von dieser großen und heiligen Persönlichkeit; alles, was die Evangelien von ihr berichten, ist so widerspruchsvoll und so sagenhaft, daß wir kaum einige wirkliche, lebendige Züge daraus entnehmen können. Gewiß ist, daß er der Prediger der armen Leute war, der Freund und Tröster der Elenden, der Unwissenden, der Sklaven und der Frauen, und daß er von letzteren sehr geliebt wurde. Er versprach allen Unterdrückten, allen hienieden Leidenden — und ihre Zahl ist ungeheuer groß — das ewige Leben. Er wurde, wie sich von selbst versteht, von den Vertretern der offiziellen

Moral und der öffentlichen Ordnung seiner Zeit gekreuzigt. Seine Schüler und deren Schüler konnten sich, dank der römischen Eroberung, welche die nationalen Grenzen zerstört hatte, verbreiten und trugen tatsächlich die Lehre des Evangeliums in alle den Alten bekannten Länder. Überall wurden sie von den Sklaven und den Frauen mit offenen Armen empfangen, den beiden am meisten unterdrückten, am meisten leidenden und natürlich auch unwissendsten Klassen der antiken Welt. Die wenigen Bekehrten, die sie in der privilegierten und gebildeten Welt gewannen, verdankten sie größtenteils auch nur dem Einfluß der Frauen. Ihre meiste Lehre fand fast ausschließlich im Volk statt, das durch die Sklaverei ebenso unglücklich wie verdummt war. Es war das erste Erwachen, die erste grundlegende Empörung des Proletariats.

Die große Ehre des Christentums, sein unbestreitbares Verdienst und das ganze Geheimnis seines unerhörten und übrigens ganz berechtigten Triumphs war, daß es sich an das ungeheure leidende Volk wandte, dem die antike Welt, die eine enge und grausame geistige und politische Aristokratie bildete, auch die letzten Eigenschaften und einfachsten Rechte der Menschheit verweigerte. Sonst hätte es sich nie verbreiten können. Die von den Aposteln Christi gepredigte Lehre, so trostreich sie den Unglücklichen erscheinen mochte, war vom Gesichtspunkt der menschlichen Vernunft aus zu empörend, zu unsinnig, als daß aufgeklärte Männer sie hätten annehmen können. Wie triumphierend spricht nicht auch der heilige Apostel Paulus von dem *Ärgernis* des Glaubens und dem Triumph dieser göttlichen Narrheit, welche die Mächtigen und Weisen der Zeit zurückwiesen, welche aber um so leidenschaftlicher von den Einfachen, den Unwissenden und den Armen im Geiste angenommen wurde![+43]

Es muß wirklich sehr tiefe Unzufriedenheit mit dem Leben, sehr großer Durst des Herzens und beinahe vollständige Geistesarmut vorhanden sein, um die christliche Sinnlosigkeit anzunehmen, die kühnste und ungeheuerlichste aller religiösen Sinnlosigkeiten.

Sie war nicht nur die Verneinung aller politischen, sozialen und religiösen Einrichtungen des Altertums, sondern der unbedingte Umsturz des gesunden Menschenverstandes, aller menschlichen Vernunft. Das wirklich existierende Wesen, die wirkliche Welt, wurden von jetzt ab als das Nichts betrachtet; das Produkt der menschlichen Abstraktionsfähigkeit, die letzte und höchste Abstraktion, in welcher diese Fähigkeit nach Überschreitung aller existierenden Dinge, der allgemeinsten Bestimmungen des lebenden Wesens wie der Ideen von Zeit und Raum sogar, nach denen nichts zu überschreiten übrigbleibt, in der Betrachtung ihrer Lehre und absoluten Unbeweglichkeit ruht (s. den *Anhang*[+9]), — diese Abstraktion also, dieser tote Rückstand, jeden Inhalts leer, das wahre Nichts, Gott, wird zum einzigen wirklichen, ewigen, allmächtigen Wesen proklamiert. Das wirkliche All wird als Nichts erklärt und das absolute Nichts als All. Der Schatten wird Körper und der Körper verschwindet wie ein Schatten.[9]

Es war eine unerhörte Kühnheit und Sinnlosigkeit, das wahre Ärgernis des Glaubens, der Sieg der gläubigen Dummheit über den Geist, für die Massen und für einige wenige der triumphierende Spott eines ermüdeten, verdorbenen, enttäuschten Geistes, den das ehrliche und ernste Suchen der Wahrheit anekelte, das Bedürfnis, sich zu betäuben und zu verdummen, wie es sich oft bei abgestumpften Geistern findet: *Credo quia absurdum* (»Ich glaube nicht nur an das Unsinnige; ich glaube

---

9 Ich weiß sehr wohl, daß man in den orientalischen theologischen und metaphysischen Systemen und besonders in denen Indiens, den Buddhismus einbegriffen, schon das Prinzip der Vernichtung der wirklichen Welt zum Nutzen des Ideals oder der absoluten Abstraktion findet. Aber es trägt hier noch nicht den Charakter freiwilliger und absichtlicher Verneinung, der dem Christentum eigen ist, weil zur Zeit der Entstehung jener Systeme die eigentlich menschliche Welt, die Welt des menschlichen Geistes und Willens, menschlicher Wissenschaft und Freiheit, sich noch nicht so entwickelt hatten, wie dies später in der griechisch-römischen Kultur der Fall war.

daran gerade und hauptsächlich, weil es das Unsinnige ist.«) So glauben viele ausgezeichnete und aufgeklärte Geister in unseren Tagen an den tierischen Magnetismus, den Spiritismus, das Tischerücken, — aber warum so weit gehen? — sie glauben noch an das Christentum, an den Idealismus, an Gott.

Der Glaube des antiken Proletariats, ebenso wie der der modernen Massen nach ihm, war derber und einfacher. Die christliche Lehre hatte sich an sein Herz gewendet, nicht an seinen Geist, an sein ewiges Trachten, seine Bedürfnisse, seine Leiden, seine Sklaverei, nicht an seine noch schlummernde Vernunft, für welche die logischen Widersprüche, die augenscheinliche Sinnlosigkeit also, nicht existieren konnten. Die einzige Frage, welche das antike Proletariat interessierte, war die, wann die Stunde der versprochenen Erlösung schlagen, wann das Reich Gottes kommen würde. Um die theologischen Dogmen kümmerte es sich nicht, weil es nichts davon verstand. Das zum Christentum bekehrte Proletariat bildete seine aufsteigende materielle Macht, nicht sein theoretisches Denken.

Die christlichen Dogmen wurden bekanntlich in einer Reihe literarischer theologischer Arbeiten und auf den Kirchenversammlungen hauptsächlich von den bekehrten Neuplatonikern des Orients ausgearbeitet. Der griechische Geist war so tief gesunken, daß wir schon im vierten christlichen Jahrhundert, der Zeit der ersten Kirchenversammlung,[+44] die Idee eines persönlichen Gottes, des reinen, ewigen, absoluten Geistes, des Schöpfers und obersten Herrn der Welt, der außerhalb der Welt existiert, von allen Kirchenvätern einstimmig angenommen finden, und als logische Konsequenz dieser absoluten Sinnlosigkeit den jetzt natürlichen und notwendigen Glauben an die Geistigkeit und Unsterblichkeit der menschlichen Seele, die in einem sterblichen, aber nur zum Teil sterblichen Körper wohnt und eingesperrt ist; — nur zum Teil sterblich, weil ein Teil dieses Körpers, obgleich körperlich, unsterblich wie die Seele ist und wie die Seele wieder auferstehen wird. So schwer wurde es selbst Kirchenvätern, sich den reinen Geist außerhalb jeder Körperform vorzustellen!

Im allgemeinen liegt es in der Art aller theologischen und auch metaphysischen Gedankengänge zu versuchen, eine Sinnlosigkeit durch eine andere zu erklären.

Es war ein großes Glück für das Christentum, daß es die Welt der Sklaven fand. Ein anderes Glück widerfuhr ihm: der Einfall der Barbaren. Die Barbaren waren tapfere Leute, voll natürlicher Kraft, und vor allem belebt und getrieben von großem Lebensbedürfnis und großer Lebensfähigkeit; erprobte Räuber, fähig, alles zu verwüsten und zu verschlingen, wie ihre Nachfolger, die heutigen Deutschen; viel weniger systematisch und pedantisch in ihrem Räubertum als letztere, weniger moralisch, weniger gelehrt, aber dagegen viel unabhängiger und stolzer, fähig der Wissenschaft und der Freiheit nicht unfähig wie die Bourgeois des modernen Deutschland. Aber trotz all dieser großen Eigenschaften waren sie nichts als Barbaren, das heißt, allen Fragen der Theologie und Metaphysik gegenüber ebenso gleichgültig wie die antiken Sklaven, von denen übrigens viele ihrer Rasse angehörten. Sobald also einmal ihr praktischer Widerwille gebrochen war, war es nicht schwer, sie theoretisch zum Christentum zu bekehren.

Zehn Jahrhunderte nacheinander konnte das mit der Allmacht der Kirche und des Staates bewaffnete Christentum ohne Beeinträchtigung von irgendwelcher Seite den Geist Europas verderben, verschlechtern und fälschen. Es hatte keine Rivalen, weil es außerhalb der Kirche keine Denker, nicht einmal Gebildete gab. Die Kirche allein dachte, sprach, schrieb und lehrte. Ketzereien, die in ihrem Schoß entstanden, griffen stets nur die theologischen oder praktischen Entwicklungen des Grunddogmas an, nicht dieses Dogma selbst. Der Glaube an Gott, den reinen Geist und Schöpfer der Welt, und der Glaube an die Geistigkeit der Seele blieben unberührt. Dieser Doppelglaube wurde die ideale Grundlage der ganzen westlichen und östlichen Kultur Europas und drang in alle Einrichtungen ein, verwirklichte sich in allen Einzelheiten des öffentlichen und privaten Lebens aller Klassen ebenso wie der Massen.

Kann man sich dann wundern, daß dieser Glaube sich bis zum heutigen Tag erhalten hat und fortfährt, seinen verhängnisvollen Einfluß selbst auf so hohe Geister wie Mazzini, Quinet, Michelet und so viele andere auszuüben? Wir sahen, daß ihm der erste Kampf von der Renaissance des freien Geistes im 15. Jahrhundert geliefert wurde, der Renaissance, welche Helden und Märtyrer hervorbrachte wie Vanini, wie Giordano Bruno[+45] und Galilei; obgleich bald erstickt von dem Lärm, Tumult und den Leidenschaften der Reformation, setzte sie geräuschlos ihre unsichtbare Arbeit fort und hinterließ den edelsten Geistern jeder Generation das Werk menschlicher Befreiung durch die Zerstörung des Unsinnigen, bis sie endlich in der zweiten Hälfte des 18. Jahrhunderts wieder im vollen Tageslicht erschien und kühn die Fahne des Atheismus und Materialismus entrollte.

Man hätte damals glauben können, daß der menschliche Geist sich ein für allemal von jedem göttlichen Druck befreien würde. Dies war ein Irrtum. Die Gotteslüge, mit der sich die Menschheit — um nur von der christlichen Welt zu sprechen — 18 Jahrhunderte lang genährt hatte, sollte sich noch einmal mächtiger als die menschliche Wahrheit zeigen. Da sie sich nicht mehr der Schwarzröcke, der geweihten Raben der Kirche, der katholischen oder protestantischen Priester, die jedes Vertrauen verloren hatten, bedienen konnte, so bediente sie sich der Laienpriester, der Lügner und Sophisten im kurzen Rock, und die Hauptrolle fiel zwei verhängnisvollen Männern unter ihnen zu: dem falschen Geist und dem doktrinär despotischsten Willen des vergangenen Jahrhunderts, J. J. Rousseau und Robespierre.

Der erstere ist der wahre Typus der Lüge und argwöhnischen Kleinlichkeit, der Überhebung der eigenen Person, der kalten Begeisterung und sentimentaler und gleichzeitig unbarmherziger Heuchelei, der notwendigen Lüge des modernen Idealismus. Man kann ihn als den wahren Schöpfer der modernen Reaktion betrachten. Während er dem Anschein nach der demokratischste Schriftsteller des 18. Jahrhunderts ist, brütet in ihm der erbarmungslose Despotismus des Staatsmanns. Er war der Prophet des doktrinären Staats, dessen Hohepriester Robespierre, sein würdiger und treuer Schüler, zu werden versuchte. Rousseau hörte Voltaire sagen, daß, wenn es keinen Gott gäbe, er erfunden werden müsse, und er erfand das höchste Wesen, den abstrakten und leeren Gott der Deisten. Und im Namen des höchsten Wesens und der von ihm befohlenen heuchlerischen Tugend guillotinierte Robespierre zuerst die Hébertisten, dann den Genius der Revolution, Danton, in dessen Person er die Republik ermordete,[+46] um so den von da ab notwendig gewordenen Triumph der Diktatur Bonapartes I.[+47] vorzubereiten. Nach diesem großen Sieg suchte und fand die idealistische Reaktion weniger fanatische, weniger schreckliche Diener, wenn man sie an dem bedeutend geringeren Maßstab der Bourgeoisie des 19. Jahrhunderts mißt. In Frankreich waren es Chateaubriand, Lamartine und — soll ich es sagen? Warum nicht? Man muß die ganze Wahrheit sagen — *Victor Hugo*,[+48] der Demokrat, der Republikaner, der Schein-Sozialist von heute, und nach ihnen die ganze melancholische und sentimentale Kohorte[+49] magerer und blasser Geister, die unter der Führung jener Meister die Schule des modernen Romantizismus bildeten. In Deutschland waren es die Schlegel, die Tieck, die Novalis, die Werner, waren es Schelling[+50] und so viele andere, deren Namen nicht einmal genannt zu werden verdienen.

Die von dieser Schule geschaffene Literatur war das wahre Reich der Geister und Gespenster. Sie vertrug das Tageslicht nicht und konnte nur im Halbdunkel leben. Ebensowenig vertrug sie die brutale Berührung der Massen; es war die Literatur der zarten, feinen, ausgezeichneten Seelen, die dem Himmel, ihrer Heimat, zustrebten und wie gegen ihren Willen auf der Erde lebten. Sie verachtete und verabscheute die Politik, die Tagesfragen; wenn sie aber zufällig von ihnen sprach, zeigte sie sich offen reaktionär und nahm die Partei der Kirche gegen die Unverschämtheit der Freidenker, die Partei der Könige gegen die Völker und die Partei aller Aristokratien gegen das elende Straßengesindel. Übrigens herrschte in dieser Schule, wie ich soeben sagte, beinahe vollständige Gleichgültigkeit gegenüber politischen Fragen vor. In den Wolken, in denen sie lebte, konnte man nur zwei wirkliche Punkte unterscheiden: die rasche Entwicklung des Bourgeois-Materialismus und die zügellose Entfesselung persönlicher Eitelkeit.

Um diese Literatur zu verstehen, muß man ihre Entstehungsursache in der Umwandlung suchen, die sich in der Bourgeois-Klasse seit der Revolution von 1793 vollzog.

Von der Renaissance und der Reformation bis zu dieser Revolution war die Bourgeoisie, wenn nicht in Deutschland, so doch wenigstens in Italien, Frankreich, der Schweiz, England und Holland der Held und Vertreter des revolutionären Geistes der Geschichte. Aus ihr gingen der größte Teil der Freidenker des 15. Jahrhunderts, die großen religiösen Reformatoren der beiden folgenden Jahrhunderte und die Apostel der menschlichen Befreiung des 18. Jahrhunderts hervor, diesmal die Deutschlands inbegriffen. Sie allein, natürlich auf die Sympathien und den mächtigen Arm des Volkes, das an sie glaubte, gestützt, machte die Revolution von 1789 und 1793. Sie verkündete den Fall des Königtums und der Kirche, die Verbrüderung der Völker, die Menschen- und Bürgerrechte. Dies sind ihre unsterblichen Ruhmestitel.

Seit jener Zeit spaltete sie sich. Eine beträchtliche Partei reichgewordener Käufer von Nationalgütern, die sich diesmal nicht auf das städtische Proletariat, sondern auf die Mehrheit der gleichfalls Grundbesitzer gewordenen Bauern Frankreichs stützte, strebte den Frieden, die Wiederherstellung der öffentlichen Ordnung, die Gründung einer regelmäßigen und mächtigen Regierung an. Voll Glück jauchzte sie also der Diktatur des ersten Bonaparte zu und sah, obgleich stets voltairianisch gesinnt, dessen Abkommen mit dem Papst[+51] und die Wiederherstellung der offiziellen Kirche in Frankreich nicht mit bösem Auge an: »*Die Religion ist dem Volke so notwendig!*« — was heißen will, daß dieser nun selbst gesättigte Teil der Bourgeoisie von jetzt ab zu verstehen begann, daß es im Interesse der Erhaltung seiner Lage und seiner neu erworbenen Güter dringend notwendig sei, den ungesättigten Hunger des Volkes durch Versprechungen himmlischen Mannas[+52] zu täuschen. Damals begann Chateaubriand zu predigen.[10]

Napoleon fiel.[+53] Die Restauration führte mit der rechtmäßigen Monarchie die Macht der Kirche und die Aristokratie nach Frankreich zurück, welche, wenn nicht ihre ganze, so doch einen beträchtlichen Teil ihrer früheren Macht wiederergriffen hat. Diese Reaktion warf die Bourgeoisie in die Revolution zurück, und mit dem revolutionären Geist erwachte auch der Freigeist wieder. Sie legte Chateaubriand beiseite und begann wieder Voltaire zu lesen. Sie ging nicht bis Diderot:[+54] Ihre geschwächten Nerven vertrugen keine so starke Kost mehr. Voltaire, der gleichzeitig Freigeist und Deist war, paßte ihr dagegen sehr. Béranger und Paul-Louis Courier[+55] drückten ganz und gar diese neue Richtung aus. Der »Gott der braven Leute« und das Ideal des Bürgerkönigs, der zugleich liberal und demokratisch ist und sich vom majestätischen und jetzt weniger offensiven Hintergrund der gigantischen Siege des Kaiserreiches abhebt, — dies war in jener Zeit die tägliche geistige Nahrung der französischen Bourgeoisie.

Lamartine, von dem eitel lächerlichen Neid angestachelt, sich zur poetischen Höhe des großen englischen Dichters Byron[+56] zu erheben, hatte seine kalt delirierenden Hymnen zu Ehren des Gottes der Adligen und der rechtmäßigen Monarchie begonnen. Aber seine Gesänge hallten nur in den aristokratischen Salons

---

10 Ich halte es für nützlich, an eine übrigens wohlbekannte und durchaus glaubwürdige Anekdote zu erinnern, die ein sehr wertvolles Licht auf den persönlichen Charakter dieses Wiederaufwärmers der katholischen Glaubenslehre und auf die religiöse Aufrichtigkeit jener Zeit wirft. Chateaubriand brachte seinem Verleger ein gegen den Glauben gerichtetes Werk. Der Buchhändler bemerkte, der Atheismus sei nicht mehr Mode, das lesende Publikum wolle nichts mehr davon wissen und verlange im Gegenteil religiöse Werke. Chateaubriand entfernte sich, brachte ihm aber einige Monate später sein Werk: ›Der Geist des Christentums‹.

wider. Die Bourgeoisie hörte sie nicht. Béranger war ihr Dichter und Paul-Louis Courier ihr politischer Schriftsteller.

Die Juli-Revolution[+57] hatte die Veredlung ihres Geschmacks zur Folge. Man weiß, daß jeder Bourgeois in Frankreich den unverwüstlichen Typus des ›bourgeois gentilhomme‹[+58] in sich trägt, der stets hervortritt, sobald er ein bißchen Reichtum und Macht erwirbt. 1830 hatte die reiche Bourgeoisie endgültig den alten Adel im Besitz der Macht verdrängt. Sie strebte natürlich die Gründung einer neuen Aristokratie an: einer Aristokratie des Geldes vor allem, aber auch einer Aristokratie des Geistes, des guten Benehmens und der feinen Gefühle. Die Bourgeoisie begann sich religiös zu fühlen.

Das war von ihrer Seite nicht nur eine bloße Nachäffung der aristokratischen Sitten, sondern auch eine notwendige Folge ihrer Lage. Das Proletariat hatte ihr einen letzten Dienst erwiesen, indem es ihr half, den Adel nochmals zu stürzen. Jetzt brauchte die Bourgeoisie diese Hilfe nicht mehr, denn sie fühlte, daß sie im Schatten des Julithrons sicher war, und die von jetzt ab unnütze Verbindung mit dem Volk begann ihr unbequem zu werden. Das Volk mußte auf seinen Platz verwiesen werden, was natürlich nicht möglich war, ohne große Entrüstung in den Massen hervorzurufen. Es wurde notwendig, dieselben zurückzuhalten. Aber in wessen Namen? Etwa im Namen des ohne Umschweife zugegebenen Bourgeois-Interesses? Dies wäre zu schamlos gewesen. Je ungerechter, unmenschlicher ein Interesse ist, desto mehr bedarf es einer Weihe, und wo eine solche hernehmen, wenn man sie nicht in der Religion findet, dieser guten Beschützerin aller Satten und der so nützlichen Trösterin aller Hungrigen? Und mehr als je fühlte die triumphierende Bourgeoisie, daß die Religion dem Volke unbedingt notwendig sei.

Nachdem sie all ihre unvergänglichen Ruhmestitel in religiöser, philosophischer und politischer Opposition, im Protest und in der Revolution gewonnen hatte, war die Bourgeoisie endlich die herrschende Klasse geworden und hierdurch von selbst Verteidigerin und Erhalterin des Staates, der seinerseits die regelrechte Einsetzung der ausschließlichen Macht dieser Klasse ist. Der Staat ist die Gewalt und hat vor allem das Recht der Gewalt für sich, die triumphierende Beweisführung mit dem Zündnadelgewehr und dem Chassepot.[+59] Aber der Mensch ist so sonderbar beschaffen, daß ihm diese Art der Beweisführung, so beredt sie scheint, auf die Dauer nicht genügt. Um ihm Achtung einzuflößen, ist irgendeine moralische Weihe absolut notwendig. Diese Weihe muß ferner so augenscheinlich und einfach sein, daß sie die Massen überzeugen kann, die, von der Gewalt des Staates niedergerungen, hierauf zur moralischen Anerkennung seines Rechts gebracht werden müssen.

Es gibt nur zwei Mittel, die Massen von der Güte irgendeiner sozialen Einrichtung zu überzeugen. Das erste, das einzige wirkliche, aber auch das schwerste, weil es die Abschaffung des Staates mit sich bringt — das heißt die Abschaffung der politisch organisierten Ausbeutung der Mehrheit durch irgendeine Minderheit —, dieses Mittel wäre die direkte und vollständige Befriedigung aller Bedürfnisse, aller menschlichen Strebungen der Massen; dies käme der vollständigen Auflösung der politischen und wirtschaftlichen Existenz der Bourgeois-Klasse gleich und, wie ich soeben sagte, auch der Abschaffung des Staates. Dieses Mittel wäre zweifellos heilbringend für die Massen, aber verhängnisvoll für die Bourgeois-Interessen. Es kommt also nicht in Betracht.

Sprechen wir von dem anderen Mittel, das nur für das Volk verhängnisvoll, dagegen für das Wohl der Bourgeois-Vorrechte wertvoll ist. Dieses andere Mittel kann nur die Religion sein. Es ist jene ewige Luftspiegelung, welche die Massen auf die Suche nach den göttlichen Schätzen hinreißt, während die herrschende Klasse viel bescheidener sich damit begnügt, die elenden Güter der Erde und das menschliche Hab und Gut des Volkes, seine politische und soziale Freiheit inbegriffen, unter ihre eigenen Mitglieder zu verteilen, auf sehr ungleiche Art übrigens und so, daß der, der mehr besitzt, immer noch mehr erhält.

Es gibt, es kann keinen Staat ohne Religion geben. Man nehme die freiesten Staaten der Erde, die Vereinigten Staaten von

Nordamerika oder die Schweiz, und sehe, welch wichtige Rolle die göttliche Vorsehung, diese oberste Weihe aller Staaten, in allen offiziellen Reden spielt.

Jedesmal aber, wenn ein Staatsoberhaupt von Gott spricht, sei es Wilhelm I., der knutogermanische Kaiser, oder Grant,[+60] der Präsident der großen Republik, kann man sicher sein, daß er sich vorbereitet, seine Volksherde von neuem zu scheren.

Die französische Bourgeoisie, liberal, voltairianisch und von ihrem Temperament zu einem eigentümlich engen und brutalen Positivismus, um nicht zu sagen Materialismus getrieben, mußte sich also, nachdem sie durch ihren Triumph von 1830 die Staatsklasse geworden, notwendigerweise eine offizielle Religion geben. Die Sache war nicht leicht. Sie konnte sich nicht unvermittelt unter das Joch des römischen Katholizismus begeben. Zwischen ihr und der Kirche von Rom lag ein Abgrund von Blut und Haß, und wie praktisch und klug man auch geworden sein mag, man unterdrückt doch nie in sich eine geschichtlich gewordenen Leidenschaft. Der französische Bourgeois hätte sich übrigens mit Lächerlichkeit bedeckt, wenn er zur Kirche zurückgekehrt wäre, um an den frommen Zeremonien des Gotteskults teilzunehmen, der Hauptbedingung einer verdienstlichen und aufrichtigen Bekehrung. Mehrere versuchten es wohl, aber das Ergebnis ihres Heroismus war nur unfruchtbarer Skandal. Die Rückkehr zum Katholizismus war endlich wegen des unlösbaren Widerspruches zwischen der unveränderlichen Politik Roms und der Entwicklung der wirtschaftlichen und politischen Interessen des Mittelstandes unmöglich.

In dieser Hinsicht ist der Protestantismus viel bequemer. Er ist die Bourgeois-Religion par excellence.[+61]

Elisée Reclus
Vorwort zur französischen Erstausgabe Genf 1882

Vorwort

Einer von uns wird demnächst das Leben Michael Bakunins in allen seinen Einzelheiten erzählen, doch ist es uns in seinen Hauptzügen bereits hinlänglich bekannt. Freunde wie Feinde wissen, daß dieser Mann durch sein Denken, seinen Willen und seine ausdauernde Kraft Größe besaß; sie wissen auch, welch tiefe Verachtung er für Reichtum, Rang, Ruhm, all diese Erbärmlichkeiten empfand, die anzustreben die meisten Menschen niedrig genug sind. Er, ein russischer Adliger, der mit dem Hochadel des Zarenreiches verwandt war, gehörte zu den Ersten, die der stolzen Verbindung jener Empörer beitraten, die sich von Traditionen, Vorurteilen und Rassen- und Klasseninteressen zu lösen vermochten und die ihr eigenes Wohlbefinden gering schätzten. Gemeinsam mit ihnen schlug er die harte Schlacht des Lebens, die durch Gefängnis und Exil, durch all die Gefahren und Bitterkeiten verschärft wurde, die opferbereite Menschen in ihrem sturmgepeitschten Dasein zu erleiden haben.

Ein einfacher Stein und ein Name bezeichnen im Friedhof zu Bern die Stelle, wo Bakunins sterbliche Hülle ruht. Vielleicht ist selbst das zuviel, um das Andenken eines Kämpfers zu ehren, der Nichtigkeiten dieser Art so wenig Wert beimaß! Seine Freunde werden ihm gewiß weder prächtige Gruft noch Standbild errichten. Sie wissen, mit welch lautem Gelächter er sie bedacht hätte, hätten sie ihm von einem zu seinem Ruhm aufgestellten Grabdenkmal gesprochen, sie wissen auch, daß die wahre Art, ihre Toten zu ehren, die Weiterführung deren Werkes ist — mit der ganzen Glut und Beharrlichkeit, die diese selbst darauf verwandten. Gewiß eine schwierige Aufgabe, die uns jede Anstrengung abverlangt; denn unter den Revolutionären der erlöschenden Generation befindet sich nicht ein einziger, der mit mehr Eifer für die gemeinsame Sache der Revolution gestritten hätte.

Unter den Studenten in Rußland, in Deutschland unter den Aufständischen von Dresden, in Sibirien unter den Leidensgenossen der Verbannung, in Amerika, England, Frankreich, in der Schweiz und in Italien war sein unmittelbarer Einfluß auf alle Menschen guten Willens beträchtlich. Die Originalität seiner Ideen, seine bildhafte und mitreißende Beredsamkeit, sein unermüdlicher Propagandaeifer, denen die natürliche Majestät seiner Erscheinung und seine mächtige Vitalität zu Hilfe kamen, eröffneten Bakunin den Zugang zu allen Gruppen revolutionärer Sozialisten, und sein Handeln hinterließ überall tiefe Spuren, selbst bei jenen, die ihn, nachdem sie ihn aufgenommen hatten, der unterschiedlichen Zielsetzung oder Methode wegen wieder zurückwiesen. Seine Korrespondenz war denkbar weit verzweigt; ganze Nächte gingen über der Abfassung von langen Episteln an seine Freunde der revolutionären Welt dahin, und manche dieser Briefe, die die Zaghaften ermutigen, die Schlafenden wecken oder Propaganda- und Aufstandspläne umreißen sollten, nahmen die Dimension wahrer Bücher an. Gerade diese Briefe erklären die gewaltige Wirkung Bakunins in der revolutionären Bewegung des Jahrhunderts. Die von ihm auf russisch, französisch und italienisch veröffentlichten Broschüren, so wichtig sie auch sein mögen und so sehr sie zur Verbreitung der neuen Ideen beigetragen haben mochten, stellen den schwächsten Teil seines Werkes dar.

Die Denkschrift ›Gott und der Staat‹, die wir heute publizieren, ist in Wirklichkeit ein Fragment eines Briefes oder Berichts. Der Aufbau gleicht dem der meisten Schriften Bakunins und weist den gleichen literarischen Mangel auf: das Fehlen der Proportionen; überdies bricht der Text abrupt ab; alle unsere Nachforschungen, um den Schluß des Manuskriptes zu finden, sind vergeblich geblieben. Bakunin hatte nie Zeit, alle in Angriff genommenen Arbeiten fertigzustellen. Ein Werk war noch nicht vollendet, als andere bereits begonnen wurden. »Mein Leben selbst ist ein Fragment«, erwiderte er jenen, die seine Schriften kritisierten. Gleichwohl werden es die Leser von ›Gott und der Staat‹ gewiß nicht bedauern, daß Bakunins Denkschrift trotz ihrer Unvollständigkeit das Licht der Öffentlichkeit erblickt. Die hierin aufgeworfenen Fragen scheinen mit einzigartiger Argumentationskraft und Entschiedenheit abgehandelt. Bakunin, der sich zurecht an die gutwilligen Gegner wendet, zeigt ihnen die Nichtigkeit ihres Glaubens an die göttliche Macht, auf die sich alle weltlichen Mächte gestützt haben; er beweist ihnen die rein menschliche Entstehung aller Regierungen. Ohne sich bei jenen Ursprüngen eines Staates aufzuhalten, die, wie körperliche Überlegenheit, Gewalt, Adel und Reichtum, von der öffentlichen Moral bereits verurteilt sind, erklärt er schließlich die Theorie für falsch, die die Regierung einer Gesellschaft der Wissenschaft überlassen möchte. Selbst wenn man voraussetzte, daß es im Konflikt der rivalisierenden Bestrebungen und der Intrigen möglich wäre, die vermeintlichen von den wahren Gelehrten zu unterscheiden, und man einen Wahlmodus fände, der die Macht unfehlbar denen zufallen ließe, deren Wissen echt ist, — welche Garantie für die Weisheit und Redlichkeit ihrer Regierung könnten sie uns bieten? Müßten wir im Gegenteil nicht von vornherein bei diesen neuen Herren die gleichen Narrheiten und Verbrechen vermuten wie bei den Herren von einst oder den gegenwärtigen Herren? Denn zuallererst *ist* die Wissenschaft nicht, sie wird gemacht. Der Gelehrte von heute ist der Ignorant von morgen. Er mag sich am Ziel wähnen, er fällt doch hinter das neugeborene Kind zurück. Aber auch wenn er zur Erkenntnis der Essenz der Wahrheit gelangte, so würde er sich durch dieses Privileg nur korrumpieren lassen und andere durch Befehle korrumpieren. Um seine Regierung zu festigen, wird er wie alle Staatsführer versuchen müssen, das Leben der sich unter ihm regenden Massen zu ersticken, wird er die Massen in Unwissenheit halten wollen, um Ruhe und Ordnung sicherzustellen, und sie nach und nach erniedrigen, um sie umso besser von oben dominieren zu können.

Seitdem übrigens die »Doktrinäre« in Erscheinung getreten sind, trachtet das echte oder vorgebliche »Genie« danach, sich des Zepters der Welt zu bemächtigen, und wir wissen, was uns das gekostet hat. Wir haben sie am Werk gesehen, all diese Gelehrten, die um so verknöcherter sind, je länger sie studiert haben, die um so kleinlichere Ideen hegen, je mehr Zeit sie damit verbracht haben, irgendein Einzelphänomen in all seinen Aspekten zu untersuchen; sie verfügen über keinerlei Lebenserfahrung, weil sie lange Zeit keinen anderen Horizont als die Rinde ihres Käses sahen; sie sind kindisch in ihren Leidenschaften und Eitelkeiten, weil sie sich an ernsthaften Kämpfen nicht zu beteiligen wußten und das richtige Maß der Dinge nie gelernt haben. Haben wir nicht unlängst die Gründung einer ganzen Schule von »Denkern« erlebt, übrigens seichte Höflinge und Leute von schmutzigem Lebenswandel, die sich eine ganze Kosmogonie[+62] zu ihrem persönlichen Gebrauch zurechtgezimmert haben? Ihnen zufolge wurden die Welten nur geschaffen, haben sich die Gesellschaften nur entwickelt, haben Revolutionen die Völker nur erschüttert, sind Elend, Krankheit und Tod nur die Gebieter der Menschheit, damit eine Elite von Akademikern entstehe, eine voll erblühte Blume, für die alle anderen Menschen den Dunghaufen abgeben. Damit die Redakteure des ›Temps‹ und der ›Débats‹ Muße haben zu »denken«, leben und sterben die Völker in Unwissenheit; alle anderen menschlichen Wesen sind zum Dahinscheiden verurteilt, damit diese Herren Unsterblichkeit erlangen!

Doch seien wir beruhigt: All diese Akademiker besitzen nicht die Kühnheit Alexanders, der mit seinem Säbel den gordischen Knoten durchschlug; sie werden das Schwert Karls des Großen nicht in die Höhe heben. Die Regierung durch die Wissenschaft ist ebenso unmöglich, wie es die durch göttliches Recht, durch Dukaten oder brutale Gewalt ist. Jegliche Macht ist künftig erbarmungsloser Kritik unterworfen. Menschen, bei denen das Gefühl der Gleichheit aufkeimte, lassen sich nicht mehr regieren, sie lernen, sich selbst zu regieren. Indem sie denjenigen vom Himmelsthron stürzen, von dem alle Macht auszugehen schien, fegen die Gesellschaften auch all jene hinweg, die in seinem Namen herrschten. Dergestalt ist die Revolution, die sich vollzieht. Die Staaten zerfallen, um einer neuen Ordnung Platz zu machen, in der, wie Bakunin zu sagen liebte, »die menschliche Gerechtigkeit an die Stelle der göttlichen Gerechtigkeit treten wird«. Wenn man den Namen eines jener Revolutionäre anführen will, die zu diesem ungeheuren Erneuerungswerk beigetragen haben, dann gibt es keinen, den wir mit größerer Berechtigung nennen könnten, als den Michael Bakunins.

CARLO CAFIERO,[63] ELISÉE RECLUS

Aus dem Französischen übersetzt von Brigitta Restorff

Zum Austritt aus der Landeskirche

Wenn man die Zahl derer bedenkt, die heute in Elend und Knechtschaft verkümmern, wenn man sieht, daß sich mehr und mehr Klarheit über die Ursachen dieser Erscheinungen verbreitet, so muß es Wunder nehmen, daß immer noch so viele einer Institution anhangen und dadurch ihr Macht und Ansehen verleihen, welche bewußt oder unbewußt, eine der hauptsächlichsten Stützen für Unterdrückung und Ausbeutung ist: — der Kirche.

Ist es denkbar, daß sich, wie es ständig in der Geschichte gewesen, eine große Masse seitens einer kleinen Minorität hätte knechten lassen, wenn die erstere sich nicht in irgend einer Weise für ihre Knechtrolle bestimmt gehalten hätte? Jene Sklavenmassen, jene Leibeignenschaaren hätten sie und haben sie nicht mit Leichtigkeit ihre Herren zum Teufel gejagt, als sie es nur wollten? Hatten sie nicht jederzeit Gelegenheit, ihre gewaltige Zahl und damit ihre gewaltige physische Uebermacht zu gewahren? Fühlten sie sich nicht unglücklich und warum revoltirten sie sich nicht? Warum nicht? Es muß unbedingt in ihnen eine gewisse Knechtseeligkeit gesteckt haben, die sie Jahrhunderte, Jahrtausende hindurch das schwere Joch der Knechtschaft tragen ließ.

Aber wie erklärt sich diese Knechtseeligkeit des Menschen? Es ist die Religion, welche diese verursacht hat; es ist die Religion, die den Menschen lehrt, daß er ein Nichts sei, daß er unfähig sei, auch nur das Geringste zu thun, daß er fortwährend eines Gottes bedarf, der ihn leitet. Die Religion macht den Menschen zu einem Wesen, das der Leitung bedarf. Also der Mensch ist der Leitung bedürftig, und da nun der liebe Gott auch Stellvertreter auf Erden ernennen kann, so sind diese irdischen Stellvertreter in Gott berufen, die Menschen zu regieren. Dies glaubten denn die Menschen und glauben sie heute noch. Und sie glaubten und glauben so fest daran, weil der Glaube an einen Gott, weil die Religion das Resultat ihrer seelischen und geistigen Bedürfnisse war, weil sie in ihrer kindlichen und schöpferischen Phantasie an Stelle der Naturkräfte, deren Gesetzmäßigkeit sie noch nicht erschaut, deren Macht und Launen man nur kannte, mächtige Nebelgestalten oder ein allmächtiges Wesen setzten, welche die Ursache aller dieser gewaltigen und räthselhaften Erscheinungen des Weltalls sein sollten. Aber wie der Mensch sich den Gott gegeben, geschaffen, ebenso kann er ihn auch vernichten. Mit der wachsenden Kenntniß der Natur schwindet daher auch mehr und mehr der Gottglaube. Und mit dem Gottglauben, wird auch der Glaube von der Nothwendigkeit einer Leitung der Menschen durch einen Gott oder dessen Stellvertreter verschwinden. Mit dem Schwinden des Gottglaubens wird auch die Knechtseeligkeit des Menschen ein Ende nehmen, wird endlich die Zeit kommen, wo der Mensch das Bedürfniß fühlen wird, ohne Herrscher zu leben.[1]

Aber welches ist die Institution, in der die Religion sich verkörpert, welche die Lehrerin und Verbreiterin der religiösen Lehren ist? Es ist die Kirche, die Kirche mit ihrer weit verbreiteten, festen und starken Organisation, mit ihren zahlreichen schon äußerlich imponirenden Monumenten, die Kirche, die begreiflicher Weise von dem Staate so sorgsam behütet und reichlich bedacht wird. Welchen Nimbus[+64] hat nicht heute noch die Kirche, und welchen Einfluß durch diesen Nimbus auf die menschlichen Gemüther? Es genügt nicht allein mittels einer freidenkerischen Agitation den Glauben an Gott zu zerstören, es gilt auch mit einer energischen Absage an die Kirche seiner Ueberzeugung Ausdruck zu geben und sie damit ihres Nimbusses zu entkleiden. Ihr äußerlicher Pomp, der noch so manchen einnimmt, kann

1 Wir verweisen bezüglich dieses Punktes auf die folgenden Ausführungen von Bakunin.

nur schwinden, wenn alle, die innerlich mit dem Gottesglauben gebrochen haben, auch äußerlich mit der Kirche brechen. Die Wirksamkeit der Kirche wird schwächer werden mit dem Augenblick, wo ihr mehr und mehr die Existenzmittel schwinden, die ihr aus den Kirchenabgaben in — Steuern erwachsen. Sollte der Staat und die herrschenden Klassen sich bereit finden, die Kirche in ihrem eigenen Interesse aus den allgemeinen Staatssteuern, die man dann in dem gleichen Maaße erhöhen wird, zu subventioniren, so wird dadurch um so mehr die Ohnmacht dieser Institutionen gekennzeichnet sein und sie um so mehr ihrer äußerlichen, kaptivirenden[+65] Imposantheit beraubt sein.

Aber ihre verhängnißvollsten Wirkungen übt die Religion auf die Kinder aus. Dem weichen, nachgiebigen Kinderhirn prägen sich jene Lehren am festesten ein und hier wird denn auch schon das Fundament für die Religiösität des heutigen Menschen gelegt. Wie dem entgegenwirken? Wohl kann und muß man nach Möglichkeit, durch häusliche Belehrungen, auf die Haltlosigkeit aller religiösen Vorstellungen hinweisen. Aber wie wenige von uns haben die Zeit und die Gabe, ihre Kinder zu unterrichten. Da wird es dann unsere vornehmlichste Pflicht, die Kinder vor nach unserer Ueberzeugung falschen und der menschlichen Entwickelung feindlichen Lehren zu bewahren. Und wie ist dies möglich? Auch nur wieder, indem man der Kirche, zu der man gehört, Lebe wohl sagt. Erst dann gewinnt man die Berechtigung, seine Kinder vom Religionsunterricht zu befreien, erst dann kann man diesen, falls sich die Gelegenheit bietet, einen Unterricht angedeihen lassen, der von allem Dogmenthum absieht und sich einzig an die Vernunft des Menschen wendet und so der Freiheit und dem Fortschritt die Wege bahnt.

Wer mit dem Gottglauben gebrochen hat, und bleibt in einem kirchlichen Verbande, derjenige verhilft diesem zur Macht und zum Ansehen, und trägt indirekt zu einer Verbreitung von Lehren bei, die den Entwickelungsgang der Menschheit nur hemmen können, derselbe läßt die jugendlichen Gemüther seiner Kinder beeinflussen in einer Weise, daß sie vielleicht niemals für Freiheit und Fortschritt werden kämpfen können.

Wer seiner Ueberzeugung durch die That Ausdruck geben will, wer der Kirche den glänzenden und gefangennehmenden Nimbus zerstören will, wer seine Kinder vor einem Unterricht bewahren will, der in ihnen den Knechtsinn mit allen seinen schlimmen Konsequenzen wecken muß, dem müssen wir rathen:

zum Austritt aus der Landeskirche!

Gott und der Staat

Von

Michael Bakunin.

Nach dem Manuskript von 1871 neu übersetzt und eingeleitet

von

Dr. Max Nettlau.

Leipzig
Verlag von C. L. Hirschfeld
1919.

Innentitel der Ausgabe Leipzig 1919

Max Nettlau
Einleitung zur Ausgabe Leipzig 1919

Einleitung

Von Max Nettlau

So zahlreich Bakunins Schriften sind, denen sich noch nicht verwendete Manuskripte und längere theoretische Ausführungen in einer Anzahl Briefen anschließen, findet sich keine, in der etwa sein »Programm« vollständig und übersichtlich begründet wäre. Dogmatische Propaganda lag ihm fern, obgleich er oft genug zu bestimmten Zwecken, für eine geheime Gesellschaft, eine Gruppe, eine Zeitschrift oder als Entwurf einer Kongreßresolution seine Ideen in wenige Sätze klar zusammenfaßte, wofür Dokumente aus den Jahren 1848-1873 vorliegen. All seine Schriften waren Gelegenheitsschriften, durch eine bestimmte Situation hervorgerufen und nicht selten den nächsten Moment, wenn sich die Situation modifizierte, liegen gelassen oder in anderer Form von neuem begonnen. Man kann nicht sagen, daß Bakunin das, was er schrieb, gering achtete; er hatte seine früheren Schriften stets vor Augen und griff oft auf sie zurück; aber es konnte keinen entsagungsbereiteren Schriftsteller geben, der seine Arbeitskraft der Bewegung unbeschränkter zur Verfügung stellte. Die Publikationsmöglichkeiten waren oft so geringe, taktische Erwägungen rieten noch immer zur Geduld usw., so daß umfangreiche Manuskripte von heute auf morgen abgebrochen und neue Texte geschrieben wurden. Bakunin ordnete sich eben als Schriftsteller ganz und gar den Bedürfnissen der Propaganda und Aktion unter; die Schrift trat für ihn neben Wort und Waffe, eines der drei Aktionsmittel des unermüdlichen Revolutionärs.

Auf vier Gebiete erstrecken sich vor allem seine Äußerungen: auf das politische (Bekämpfung der Autorität und des Staates, Föderalismus, Anarchie), das soziale (kollektivistischer Sozialismus), das philosophische (Bekämpfung der religiösen und metaphysischen Fiktionen; Materialismus und Atheismus) und das nationale (speziell Slawen und Deutsche, Deutsche und Franzosen, Polen und Russen etc.). Die Folie sozusagen zu Erörterungen dieser Fragen gaben die eventuelle russische Revolution und die tatsächliche polnische Insurrektion, die soziale Bewegung in Italien, welche den politischen Bewegungen folgen mußte, die Internationale und ihre lokale Verbreitung speziell in der romanischen Schweiz, Südfrankreich, Spanien und Italien, der Konflikt der autoritären und antiautoritären Richtung in der Internationale, der Kampf gegen den autoritären deutschen Zentralismus, der deutsch-französische Krieg und die Möglichkeit der Revolutionierung Frankreichs zum Zweck des Widerstandes. Nach dem Kriege verschmolzen Deutsche und Marxisten gewissermaßen in einen einzigen Gegner, und die Rassenfrage[+66] tritt noch mehr hervor. Die unmittelbaren Gelegenheiten für Schriften Bakunins waren etwa die direkte lokale Propaganda: wie in Genf und im Jura; Versuche, zur Aktion hinzureißen: wie während des Krieges; unermüdliche Erklärungen des Wesens der Internationale, ihres Verhältnisses zur Alliance etc. in Briefen nach Italien und Spanien, ihre glänzende Verteidigung gegen Mazzini, Abwehr der perfiden Angriffe marxistischer und anderer Journalisten — ein Gebiet, auf welchem Bakunin durch beständige Zurückstellung schon fertiger Manuskripte die größte Geduld und literarische Entsagung zeigte; sein 1872 erneuerter Kontakt mit der russischen Jugend nach den Enttäuschungen der Netschaevschen Zeit, den früheren Polemiken mit Polen, den älteren russischen Schriften (1862) etc.

Dabei bildet gewiß einen Mangel, aber auch einen Reiz seiner Schriften seine Fähigkeit, abzuschweifen und einem Nebengedanken nachzugehen, während der Hauptgedanke vielleicht vergebens wartet, wieder aufgenommen zu werden. Mangel an Proportion ist die natürliche Folge, und solche an Ungleichmäßigkeit zu sehr leidenden Schriften werden zuletzt abgebrochen; ihr Reiz liegt darin, daß wir hier einem wirklich ehrlichen Denker folgen können, der seine Gedankengänge sich ganz ausleben läßt, statt sie in die engen Bahnen äußerer und formeller Interessen zu pressen. Eingestreut sind oft kleinere Beispiele oder Episoden, Autobiographisches, Schilderungen von Charakteren etc., wie wir sie aus seinen Briefen kennen und die es uns bedauern lassen, daß das Fragment über seine Kindheit, ›Histoire de ma Vie‹,[1] seine einzige bekannt gewordene memoirenartige Schrift ist.

Nimmt man hinzu, daß Bakunin, wie seine mir für die Jahre 1871 und 1872 bekannten kleinen Tagebücher zeigen, in jenen Jahren und mindestens vom Herbst 1867 bis zum Sommer 1874 beinahe täglich, morgens und nachts, an Manuskripten und zahllosen Briefen schrieb, so sieht man, daß er zu einer Unzahl von Problemen und Situationen im Sinne seiner Ideen Stellung genommen haben muß und daß es nicht leicht ist, aus dem vielen gedruckt oder handschriftlich Erhaltenen oder nach seinem Tode Herausgegebenen gerade das Interessanteste und Charakteristischste auszuwählen.

Seine glänzendsten Äußerungen sind zum Teil in Briefen verborgen, in denen er mit voller Freiheit sprechen konnte; ich nenne seinen Brief an Herzen vom 19. Juli 1866[2] und seinen Brief an Celso Cerretti nach Mazzinis Tode, Frühjahr 1872.[3] Teils rechne ich hierzu einige Schriften kleineren Umfangs, die aus äußeren Gründen doch eine gewisse Proportion einhalten mußten; ich meine die Reden vom Kongreß der Friedens- und Freiheitsliga in Bern, September 1868;[4] die ›Ours de Berne et l'Ours de Saint-Pétersbourg‹, 1870,[5] und die ›Réponse d'un International à Mazzini‹ (Liberté, Brüssel, 18. und 19. August 1871).[6] Doch fin-

1 Gedruckt in Société Nouvelle (Brüssel), September 1896, S. 309-324.+67

2 Briefwechsel, russisch (1896), S. 171-186; deutsch (1895), S. 118-132.

3 Société Nouvelle, Februar 1896.+68

4 Wiedergedruckt in den »Pièces justificatives« des ›Mémoire‹ der Juraföderation (1873).+69

5 Neuchâtel 1870; auch in *Œuvres,* II, S. 11-67.+70

6 Auch in *Œuvres,* VI, S. 107-142.

den sich auch in den langatmigsten Manuskripten, von denen in den — bisher erschienenen — 6 Bänden der Pariser Ausgabe der ›Œuvres‹ (1895-1913) eine größere Anzahl in absoluter Vollständigkeit abgedruckt sind, plötzlich die packendsten Stellen, in denen die Gedanken wie Brillanten aufblitzen, während anderswo das Bestreben, jede Sache gründlich zu erörtern, stets alle andern Möglichkeiten zu widerlegen, manchmal den schon widerlegten Gegner allzu wörtlich ad absurdum zu führen, eine gewisse Schwerfälligkeit des Stils hervorbringt.

Aus allen Schriften spricht der tiefste Ernst und geschlossenes Vorgehen auf Grund eines absolut einheitlichen Willens zur Revolution, für den die drei Grundideen: Anarchie — Sozialismus — Atheismus ein unteilbares Ganzes bildeten. Während er an die Revolution und die Revolutionäre den Anspruch stellte, diese Ideen in ihrer Gesamtheit zu verfechten, und jede andere Art eines etwa autoritären oder religiösen Sozialismus als verhängnisvolle Irrlehre bekämpfte, stellte er an das durch seine geschichtliche Entwicklung diesen Ideen notwendigerweise noch fremde arbeitende Volk, das aber doch, wie jedes Wesen, diese natürlichen Ideen im Keim in sich trägt, wesentlich geringere Ansprüche und verbindet beide, Revolutionäre und Volk, durch eigentümliche Ideen über Organisation, öffentliche und geheime, auf die hier nicht näher einzugehen ist.

So sehr Bakunin in der geringen Zeit, die ihm nach den vielen Kerker- und Verbannungsjahren übrig blieb, seine Ideen mit vollen Händen als einfacher Propagandist sozusagen in den Wind streute und so sehr ihm dies Befriedigung gewährte, mag er doch auch *den* Wunsch gehegt haben, daß sich die übrigen Denker seiner Zeit mit ihm über seine Ideen auseinandersetzten, wozu es auf würdige Weise nicht gekommen ist; denn lange bevor er die öffentliche Polemik begann, machten sich bösartige Verleumdung oder gedankenloses Schimpfen allein mit ihm zu schaffen, und jeder gute Wille zu ernsten Auseinandersetzungen fehlte. Seit er, vom Spätherbst 1863 ab, in Italien (Florenz und Neapel) nach den rastlosen, den slawischen Bewegungen gewidmeten Jahren 1862 und 1863 (London, Paris, Schweden) einige Ruhe genoß, formulierte er seine Ideen; und zwar auf philosophischem Gebiet wahrscheinlich zuerst in Manuskripten, die für die Freimaurerei bestimmt waren und sich in den erhaltenen Fragmenten schon mit den in ›Dieu et l'État‹ zu findenden Gedankengängen decken; das umfangreichste dieser Manuskripte ist freilich vernichtet worden. Seine politischen, sozialen und organisatorischen Ideen zeigen die ausführlichen Statutenentwürfe der geheimen Gesellschaften jener Jahre, seine praktische revolutionäre Propaganda die beiden Flugschriften ›La Situazione‹. Auf dem Genfer Friedenskongreß (September 1867) trat er wieder in die Reihen der europäischen Demokratie und legte später eine längere Darstellung seiner Ideen für das Kongreßprotokoll vor, die diesem nicht eingefügt werden konnte, und aus welcher die ›Proposition motivée ...‹ wurde, die endlich als ›Le Fédéralisme, le Socialisme et l'Antithéologisme‹ 1868 in Bern gedruckt, aber nicht veröffentlicht wurde.[7]

Die folgenden zwei Jahre größter Tätigkeit für die schweizerische, russische und internationale Bewegung schlossen den Gedanken an ein größeres Werk aus. Erst als er nach vergeblichen Bemühungen,[+72] in Lyon und später in Marseille (September, Oktober 1870) den revolutionären Volkskrieg aus der Initiative des Volks heraus, mit Beiseiteschieben aller staatlichen Organisation, gegen die deutsche Invasion zu entfesseln, seinen Zufluchtsort Locarno wieder als Flüchtling aufsuchen mußte, als er hoffnungslos das System Gambetta triumphieren sah und die Zukunft Frankreichs und Europas unter der befürchteten deutschen Vorherrschaft im schwärzesten Licht sah, glaubte er, zur Ohnmacht verurteilt, nichts anderes tun zu können, als seine Ideen in einem Buch, seinem ersten Buch, zusammenzufassen, worüber er am 19. November 1870 an seinen alten Freund Ogarev in Genf schreibt:[8] »Ich schreibe eine pathologische Skizze des gegenwärtigen Frankreichs und Europas zur Erbauung der künftig tätigen und zur Rechtfertigung meines Systems und mei-

7 Neugedruckt in *Œuvres*, I.[+71]
8 Briefwechsel, russisch, S. 314-315.[+73]

ner Handlungsweise.« Schon am 23. Oktober hatte er aus Marseille an G. Sentiñon geschrieben:[9] »Les bourgeois sont odieux. Ils sont aussi féroces que stupides ... A leurs infames calomnies je m'en vais répondre par un bon petit livre où je nomme toutes les choses et toutes les personnes par leur nom.«[+74]

Bekanntlich schrieb Bakunin seit den ersten französischen Niederlagen, die ihn den Verlust des Krieges, wenn er mit rein militärischen Mitteln geführt würde, voraussehen ließen, etwa vom 9. August ab, eine große Menge Briefe im Sinne seines Plans, der Invasion die Revolution entgegenzustellen. Einige für Frankreich bestimmte Briefe wurden allmählich zu langen Manuskripten, betreffs welcher nur James Guillaume helfen konnte, der aus dem ihm bis zum 11. September übergebenen handschriftlichen Material durch freieste Umgestaltung des Textes die Broschüre ›Lettres à un Français sur la crise actuelle‹ (September 1870) machte.[10] Es würde zu weit führen, die Geschichte all dieser Manuskriptfragmente auch nur zu skizzieren; genug, daß Bakunins Auffassung der Lage im Oktober 1870 aus dem ausführlichen Manuskript von 114 Seiten[11] und dem unvollendeten Brief an Esquiros vom 20. Oktober,[12] nebst dem kleinen Brief an G. Sentiñon vom 23. Oktober hervorgeht.

In Locarno angekommen, schrieb Bakunin als Beginn des nun beabsichtigten Buchs ein Manuskript von 256 Blättern, deren Anfang (f. 1-80), dem eine am 22. Januar 1871 begonnene neue Fassung von f. 81-138 hinzugefügt wurde, in Genf sehr unkorrekt gedruckt wurde und endlich Ende April 1871 erschien als: L'Empire knouto-germanique et la Révolution sociale par Michel Bakounine. Première Livraison. (Genève, 1871.)[+75] Der ursprüngliche Text von f. 82-256 (f. 81 ist nicht erhalten) entfernte

---

9 Vgl. Max Nettlau: Michael Bakunin, eine Biographie, Bd. II, (1898-1899), S. 516-517.

10 Diese Broschüre und alles noch vorhandene handschriftliche Material sind abgedruckt in *Œuvres,* II, S. 69-268; IV, S. 1-72.

11 *Œuvres,* IV, S. 78-222.

12 Ebd., S. 223-240.

sich von dem Gegenstand Frankreich und Deutschland und erhielt später von f. 105 ab den Titel: ›Appendice. Considérations philosophiques sur le Fantôme divin, sur le Monde réel et sur l'Homme‹ (November, Dezember 1870).[13] Bakunin schrieb dann einen neuen Haupttext, der das aktuellere Problem weiter ausführte (Dezember [vermutlich] bis 22. Januar). Diesem nicht als Ganzes erhaltenen Text dürften die zwölf Manuskriptbruchstücke von zusammen 143 Blättern angehören, die ich S. 534-536 meiner Biographie näher beschrieben habe;[14] sie sind unediert.[+76] Am 22. Januar schreibt er in sein Tagebuch: »Soir, de nouveau, recommence brochure à partir de l'imprimé.«[+77] Nun endlich wird ein auf die schon in Genf gesetzten f. 1-80 folgendes Manuskript hergestellt, das bis f. 210 gesetzt wurde; f. 1-80 und 81-138 bilden, wie gesagt, ›L'Empire knouto-germanique‹. Ihm sollten die ›Sophismes historiques de l'Ecole doctrinaire des communistes allemands‹ folgen, die aber nach wenigen Seiten (*Œuvres,* III, S. 9-18)[+78] von einer Kritik des religiösen und philosophischen Idealismus unterbrochen werden, deren Hauptteil in der vorliegenden Übersetzung als ›Gott und der Staat‹ vorgeführt wird.

Diesen Namen gab dem Fragment Elisée Reclus, der mit Carlo Cafiero,[15] dessen Mitarbeit wohl nur eine nominelle war, dasselbe 1882 zuerst herausgab. Es sind dies f. 149-247 des Manuskripts, das bis f. 340 reicht und dann abbricht; f. 247 bis 286 sind in *Œuvres,* III, S. 131-177, f. 287-340 in I, S. 264-326 gedruckt,[+79] während der in der Ausgabe von 1882 sprachlich etwas bearbeitete und auch von Lesefehlern nicht freie Text, dessen Kollation[+80] mit dem Manuskript ich zuerst in Anm. 2422, S. 227-235 meiner Biographie (1899) brachte, jetzt in *Œuvres,* III, S. 18-131 korrekt vorliegt.[+81]

---

13 F. 82-256 sind gedruckt in *Œuvres,* III, 179-405.[+9]

14 Vgl. auch Guillaume, in *Œuvres,* III, S. X-XII.

15 Dieu et l'État par Michel Bakounine. Genève, Imprimerie jurassienne, 1882, VII, 99 S. klein 8°.

Nach Bakunins Tagebuch läßt sich feststellen, daß dieser Teil des Manuskripts zwischen dem 22. Februar und dem 8. März 1871 geschrieben wurde, zu einer Zeit, in der sich Bakunin, wie die übrigen Eintragungen zeigen, in größten finanziellen Sorgen befand und seine Geldmittel von 54 Francs am 20. Februar sukzessive auf »5 francs en tout«[+82] am 8. März und »reste 5 centimes«[+83] am 11. März sanken. Vom 9.-14. März ist täglich vom »sentier« die Rede, dem Fußsteig, wie er selbst die zu ausführliche Schilderung der Lehren der Doktrinäre im Genre Victor Cousins nannte (*Œuvres*, III, S. 132-177). Am 14.: »brochure, du sentier au grand chemin ... «;[+84] 16. »brochure peu, mais médité bien. Fiction à développer.«[+85] Dies bezieht sich auf den Gegenstand der großen Anmerkung (f. 287-340, *Œuvres*, I, S. 264-326). Vom 19. März bis 3. April durch eine Reise nach Florenz abgehalten, setzt er vom 5.-15. April die »brochure-livre«[+86] noch fort; am 16. April aber kam Fanelli nach Locarno, am 22. beschloß Bakunin, abzureisen (pour Genève, Neuchâtel); am 26. reiste er tatsächlich in den Jura ab. Es waren die letzten Wochen der Kommune von Paris, und Aktionspläne, der Kommune vom Jura aus zu helfen, absorbierten Bakunin und seine Freunde.

Am 1. Juni nach Locarno zurückgekehrt, schrieb er vom 5. bis 23. Juni ein: ›Préambule pour la seconde livraison de l'Empire knouto-germanique‹, besser bekannt als: ›La Commune de Paris et la notion de l'Etat‹, eine seiner besten Schriften;[16] diesem unvollendeten Manuskript folgte ein ›Avertissement‹ (25. Juni bis 3. Juli),[17] das, wie Guillaume bemerkt, der einleitenden Bemerkung zufolge an die Spitze des ganzen Werkes hätte gestellt werden sollen. Aber es fehlten die Mittel, auch nur die zweite Lieferung erscheinen zu lassen;[18] auch ein im November und Dezember 1872 begonnenes Manuskript einer zweiten Lieferung

16 Unter dem letzterwähnten Titel herausgegeben von Elisée Reclus in Le Travailleur (Genève), 1878; vollständig von Bernard Lazare (1892) und in *Œuvres*, IV, S. 241-275.[+87]

17 *Œuvres*, IV, S. 277-333.

18 Ebenda, III, S. XVI, XVII.

blieb unvollendet.[19] Auf die Frage eines zweiten beabsichtigten Anhangs: ›Appendice Germano-slave‹ gehe ich hier nicht ein.

Was Bakunin im Sommer 1871 veranlaßte, das so beharrlich immer wieder aufgenommene Werk liegen zu lassen, war, neben einer sehr lebendigen Verteidigungsschrift der Genfer Alliance section, die vielfach memoirenartiges Interesse besitzt und seinen Freunden im Jura usw. als Informations- und Verteidigungsmaterial in dem beginnenden Kampf mit den Autoritären und Politikern in der Internationale dienen sollte[20] — 28. Juli bis 27. August —, die plötzlich beginnende Polemik mit Mazzini.

Hier war endlich einer der verhaßten Idealisten, die hinter schwungvollen liberalen Reden ihr inneres reaktionäres Wesen so gut zu verbergen wußten, Bakunin sozusagen zwischen die Füße gelaufen, wurde von ihm gepackt und ein Exempel an ihm statuiert. Vor dem lebenden Mazzini, der auf der Höhe seines Rufes stand, ließ Bakunin die leeren Schatten der Victor Cousin und anderer Doktrinäre liegen. Die intensive Beschäftigung aber mit all diesen Problemen, wie sie die erwähnten Manuskripte zeigen, hatten ihn gerade in diesem Moment instand gesetzt, vollgerüstet loszuschlagen, und so entstand in wenigen Tagen die glänzende Antwort an Mazzini, den Verächter der Pariser Kommune und der Internationale, den ewigen Feind jedes wirklichen Sozialismus und der Revolution, den Verehrer eines unfaßbaren und desto fester eingewurzelten Gottes. Die ›Réponse d'un International à Mazzini‹ wurde in Brüssel französisch (18. und 19. August), in Mailand italienisch (14. August) veröffentlicht;[21] Ende des Jahres folgte auf kleinere Schriften[22] ›La Théologie politique de Mazzini et l'Association internationale des

19 Ebenda, IV, S. 391-510.+88

20 Zuerst von Guillaume, in *Œuvres,* VI, S. 143-280 herausgegeben, der wichtigste Beitrag zur Geschichte der Internationale in der Schweiz, leider auch unvollendet.+89

21 *Œuvres,* VI, S. 101-142 (128).

22 Ebenda, VI, S. 281-422.

Travailleurs‹ (Neuchâtel, 1871, 111 S.),[23] die man unter diesen Umständen als Ersatz und letzte Redaktion eines Teils des von Bakunin seit Oktober 1870 geplanten Buchs, das so viele Modifikationen erfuhr, ansehen kann.

Durch diese Verteidigung des Sozialismus und der Revolution gegen Mazzini wurde Bakunin endlich Italien in weitem Umfang eröffnet; die italienische Propaganda und Organisation, die oft elementare Auseinandersetzung der Ideen der Internationale absorbierten ihn nun, ebenso die intensive Verteidigung der freiheitlichen Föderationen gegen die Londoner Konferenz (September 1871), die mit der Verbreitung des Jurazirkulärs des Kongresses von Sonvillier begann. In wenigen Monaten stellten sich auch die engsten Beziehungen zu einem Teil der slawischen Jugend in Zürich her, es folgte der berühmte Sommer in Zürich. Ebenso traten die Möglichkeiten wichtiger Aktion in Italien und Spanien näher; Cafieros Enthusiasmus und Mittel standen der neuen Bewegung zur Verfügung. Mazzini starb und in ihm einer der letzten Vertreter des Typus der ehrlichen Idealisten. Der Kampf mit Marx wurde endlich akut (Mai 1872). All dies erklärt hinreichend, daß Bakunin seine Manuskripte von 1870/1871 ruhen ließ.

Er nahm aber noch mehrere Anläufe zu größeren Schriften, so in dem Manuskript ›Aux compagnons de la Fédération des sections internationales du Jura‹,[24] in der erwähnten Schrift von Ende 1872, die sich als zweite Lieferung des ›Empire knouto-germanique‹ gibt, und in dem großen russischen Buch ›Gosudarstvennost' i Anarchija‹ (Staatlichkeit und Anarchie),[25] dessen 1874 erschienener Band nur der I. Teil der »Einleitung« ist. Bestimmte Ereignisse überholten die erstgenannte Schrift und machten auch die Herausgabe einer Fortsetzung der dritten

23 Ein Neudruck soll in *Œuvres,* VII, erscheinen.[+90]

24 Unediert, 153 f.;[+91] Auszüge und Resumé S. 599-610 meiner Biographie (1900).

25 O.O., 1873, 308, 24 S., 8°; nicht übersetzt;[+92] kurz resumiert in meiner Biographie, S. 769-772.

untunlich. Sobald er nur im Herbst 1874 in Lugano endlich Ruhe gefunden, schrieb er an Ogarev (11. November 1874), er bereite sich vor, wenn ihm Kräfte bleiben, sein letztes vollständiges Werk über seine tiefsten Überzeugungen zu schreiben,[26] und korrespondierte hierauf mit Elisée Reclus über eine sprachliche Revision seiner beabsichtigten ›Mémoires‹ und ›L'Etat de mes Idées‹. In seinen letzten Äußerungen auf dem Totenbett zu Adolph Reichel, seinem ältesten und besten Freund, sagte er noch am 21. Juni 1876: »Si encore je retrouve un peu de santé, je voudrais écrire *une éthique sur les principes du collectivisme sans phrases philosophiques ou religieuses*«.[+94] [27]

Das Vorhergehende zeigt, daß das Fragment ›Dieu et l'État‹ einen wesentlichen Teil von Bakunins Hauptwerk bildet, das seine stete Bereitheit, seine literarischen Pläne den Bedürfnissen der Propaganda oder Aktionsmöglichkeiten zu opfern, und widrige Umstände, zuletzt der Tod, ihn in definitiver Form zu vollenden hinderten. Und Elisée Reclus tat nach allgemeiner Ansicht einen Meistergriff, als er gerade dieses sich über die leidenschaftlich diskutierten Fragen des Augenblicks, die freilich leider noch immer aktuell sind, erhebende Fragment aus der Fülle der Handschriften auswählte, wobei ihm vielleicht die von einem Teil des Fragments vorhandenen Korrekturbogen zunächst die Hand führten.

Mazzini schrieb am 20. Juli 1869 an Daniel Stern (die Gräfin d'Agoult):[28] »Je donnerais la moitié de ce qui me reste à vivre pour pouvoir écrire deux livres, l'un sur votre Révolution, celle de 1789, l'autre sur la question religieuse, contre les Comtistes, contre les matérialistes à la Moleschott, les apôtres du *divin* contre Dieu, les *amateurs* tels que Renan, les artistes du *brutal* comme Taine, les *Proudhoniens*, et ainsi de suite.«[+95] Gegen ein derartiges Werk richtet sich Bakunins Schrift, der die Reaktion in ihren scheinbar radikalsten Verhüllungen schonungslos verfolg-

---

26 Briefwechsel, russisch (1896), S. 348.[+93]

27 Beides nach im Supplement meiner Biographie angeführten Dokumenten.

28 S. 153-154 der Ausgabe dieses Briefwechsels (1873).

te. Wie recht er betreffs Mazzini hatte, zeigt die Verfügung des italienischen Unterrichtsministers von Anfang 1903, welche die Lektüre von Mazzinis ›Doveri dell'uomo‹ in den Schulen empfahl, worauf eine billige Ausgabe von Bakunins ›Dio e lo Stato‹ (Firenze, Nerbini, 1903) als Gegengift massenhaft verbreitet wurde.

Diese Schrift hat auch dadurch wesentliche Bedeutung gewonnen, daß sie die am meisten verbreitete und übersetzte Schrift Bakunins ist; und zwar erschienen die Übersetzungen meist in den ersten Jahren der beginnenden anarchistischen Literaturen in verschiedenen Sprachen, so daß gleich die ersten Propagandisten diese Ideen aufnahmen.[29] Sie ist, obgleich sie sich äußerlich »nur« auf die Religion bezieht, mehr als eine andere für den Glauben an Autorität irgendwelcher Art vernichtend. Wer ihre oft nicht leichte und durch manche Längen erschwerte Lektüre auf sich wirken läßt, wird keiner speziellen Belehrung bedürfen, um einen *autoritären* Sozialismus, ein *autoritäres* politisches System unerträglich zu finden. Dies war stets die Wirkung dieser Schrift und erklärt ihre dauernde rege Verbreitung. Sie wird dadurch zu einem repräsentativen Dokument der anarchistischen Literatur und erscheint hier als solches.[+96]

Durch eine Reihe von Jahren war ›Dieu et l'État‹ mit einem gewissen Geheimnis umgeben, da die ersten Herausgeber, Cafiero und Reclus, in ihrer Vorrede[+97] sagten, es sei ihnen unmöglich gewesen, den Schluß zu finden, und sie hielten das Ganze für »un fragment de lettre ou de rapport«,[+98] ohne den Versuch

---

29 Nähere Angaben s. in meiner ›Bibliographie de l'Anarchie‹ (1897), S. 46-47, 236, und meiner Biographie, Anm. 2423. Es erschienen seit 1883 amerikanische und englische Ausgaben (in Boston, New York, San Francisco, Columbus Junction, Iowa; Tunbridge Wells, London); deutsche (Philadelphia, New York); holländische (Amsterdam); im jüdischen Jargon (Leeds); spanische (Madrid, Barcelona); italienische (Mailand, Florenz); tschechische (New York); polnische (Genf); russische (Moskau, 1906); rumänische etc., eine bezüglich der Sprachen unvollständige Liste; daneben Auszüge, Übersetzungen in Zeitschriften etc.

einer Datierung zu unternehmen. Ich wurde mir 1893 in Genf bei der Durcharbeitung der Manuskripte über die Stellung dieses Manuskripts klar und veröffentlichte das Resultat zuerst im Anhang zu einer englischen Neuausgabe (London, 1894), dann im Vorwort zu *Œuvres,* I (1895), wo ein Teil der Fortsetzung des Manuskripts zuerst erschien. Ausführlich ist dann die ganze Frage in meiner Biographie, Kap. 52, behandelt, ferner im handschriftlichen Supplementband (1903), der die Eintragungen in Bakunins Tagebuch (1871, 1872) zum erstenmal verwertet. Mit Benutzung dieses handschriftlichen Bandes schrieb dann James Guillaume die sorgfältigen Einleitungen zu seiner Ausgabe der einzelnen Teile des Werkes (*Œuvres,* II [1907], III [1908], IV [1910]); ebenso die diesbezügliche Darstellung in seiner ›L'Internationale‹ (Paris, 1905-1910). Nur die englische Ausgabe von 1910 (London, Freedom Library) enthält bis jetzt, wie vorliegende Übersetzung, den nach der Ausgabe des Manuskripts in *Œuvres,* III, berichtigten Originaltext.

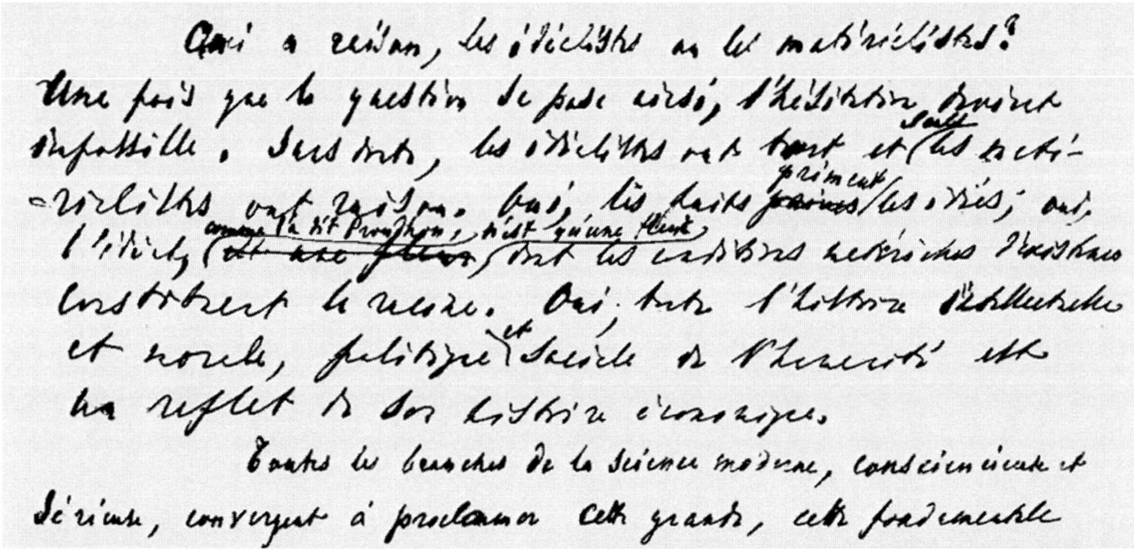
Qui a raison, les idéalistes ou les matérialistes?
Une fois que la question se pose ainsi, l'hésitation devient impossible. Sans doute, les idéalistes ont tort et seuls les matérialistes ont raison. Oui, les faits priment les idées; oui, l'idéal, comme l'a dit Proudhon, n'est qu'une fleur, dont les conditions matérielles d'existence constituent la racine. Oui, toute l'histoire intellectuelle et morale, politique et sociale de l'humanité est un reflet de son histoire économique.
Toutes les branches de la science moderne, consciencieuse et sérieuse, convergent à proclamer cette grande, cette fondamentale

Ausschnitt aus dem Manuskript mit dem Anfang von ›Gott und der Staat‹ (Qui a raison, les idéalistes ou les matérialistes? Une fois que la question se pose ainsi, l'hésitation devient impossible. Sans doute, les idéalistes ont tort, et seuls les matérialistes ont raison. Oui, les faits priment les idées ...)

Anmerkungen

+1 In ein Prokrustesbett zwingen: gewaltsam in ein Schema pressen (Prokrustes: Gestalt der griechischen Mythologie).

+2 Quintessenz: Hauptinhalt.

+3 In seinem Manuskript ›Intrigi g-na Utina‹, das im Juli-August 1870 verfaßt wurde, aber seinerzeit unveröffentlicht blieb, bezog sich Bakunin in ähnlicher Weise auf Proudhon. Er zitiert dort Proudhon mit den Worten »Gebt dem Volk Brot, das Ideal kommt ihm von allein« und schreibt hierzu: »Als konsequenter Materialist, Realist und Sozialist dachte er [Bakunins Freund Nikolaj Žukovskij] mit Aristoteles und Proudhon, daß es zuerst darauf ankomme, die materiellen Bedürfnisse und Bedingungen des menschlichen Lebens zu befriedigen und daß die Befriedigung dieser Bedürfnisse nach Idealen die Frucht, das Ergebnis sein müsse und nicht die Grundlage, die Ursache der Befriedigung von ersterem, kurz: daß die Frage des täglichen Brotes heute an erster Stelle stehe und daß die Wissenschaft danach komme; und darüber war ich mit ihm völlig einig.« (*Archives*, V, S. 138-139)

+4 Animalität: Tiernatur.

+5 Omnivore: Allesfresser.

+6 Napoleon III., 1852-1870 französischer Kaiser, Neffe Napoleons I.
Wilhelm I., 1871-1888 deutscher Kaiser.
Ferdinand I., 1835-1848 österreichischer Kaiser.
Alexander II., 1855-1881 russischer Zar.

+7 Jean-Baptiste Troppmann (1849-1870), berühmter Mörder; im Jahre 1869 hatte er eine achtköpfige Familie umgebracht.

+8 1. Buch Mose 3, 22.

+9 Der ›Anhang‹ ist veröffentlicht in *Werke*, I, S. 216-306.

+10 Sphinx: Fabelwesen der griechischen Mythologie. Die Sphinx tötete jeden, der das von ihr gestellte Rätsel nicht lösen konnte.

+11 Sisyphusarbeit: vergebliche Arbeit (Sisyphus: Gestalt der griechischen Mythologie).

+12 Quintus Septimius Florens Tertullianus (um 160 - um 225 n.u.Z.), lateinischer Kirchenschriftsteller, Vordenker der späteren abendländischen Theologie.

+13 Credo quia absurdum: Ich glaube, weil es absurd ist. Zu Bakunins Interpretation siehe vorliegenden Band, S. 105-106.

+14 Bakunin spielt hier auf Lassalles »ehernes Lohngesetz« an; es hat den Anschein, daß Bakunin diese Theorie von Lassalles Polemik

gegen Schulze-Delitzsch bezog, worüber verschiedene Äußerungen von ihm vorliegen (siehe z.B. Michael Bakunin: Ausgewählte Schriften. Hrsg. von Wolfgang Eckhardt. Band 4: Staatlichkeit und Anarchie [1873]. Karin Kramer Verlag, Berlin 1999, S. 332-334). Neben Turgot und Malthus war es vor allem Ricardo, der diese Theorie formuliert hat, die er in dem berühmten Satz zum Ausdruck brachte: »Der natürliche Preis der Arbeit ist der Preis, der nötig ist, die Arbeiter in den Stand zu setzen, einen wie den anderen, sich zu erhalten und ihr Geschlecht ohne Vermehrung oder Verminderung fortzupflanzen« (David Ricardo: Wert, Rente, Lohn und Profit. Hrsg. von August Skalweit. Vittorio Klostermann, Frankfurt am Main 1946, S. 74). Die Löhne neigen sogar dazu zu sinken, denn die Zahl der Arbeiter wird weiterhin etwas schneller ansteigen als die Nachfrage nach Arbeit. So wird für John Stuart Mill der »natürliche Lohn« langfristig durch die Produktionskosten der Arbeit bestimmt, das heißt durch das, was die Arbeiter verdienen müssen, um leben zu können. Lassalle schließt daraus, daß eine Verbesserung der Lage der Arbeiter nicht möglich sei — daher sei das Eingreifen des Staates nötig. Um dies zu erreichen, propagiert Lassalle die Eroberung des Staates und fordert die Arbeiter auf, über das allgemeine Wahlrecht den Staat unter Druck zu setzen.
Im November 1871 schrieb Bakunin: »Dies ist eine Konsequenz des ökonomischen Gesetzes, das von den seriösesten bürgerlichen Ökonomen, von Adam Smith bis zu Stuart Mill, festgestellt und anerkannt wurde und dessen siegreiche Demonstration dem großen Agitator der deutschen Arbeiter, Ferdinand Lassalle, dazu gedient hat [...], den bürgerlichen Sozialismus einen Herrn Schulze-Delitzsch restlos zu zerstören. Dieses Gesetz läßt sich folgendermaßen formulieren: *In der gegenwärtigen Wirtschaftsordnung, in der die Arbeit als Ware betrachtet und behandelt wird, welche den Bedingungen des Angebots und der Nachfrage unterliegt, wird der Lohn des Arbeiters stets durch den Preis dessen bestimmt, was zur Erhaltung der Familie des Arbeiters unbedingt notwendig ist*, unter der Voraussetzung, daß kein Familienmitglied etwas verdient. Denn wenn Frau und Kinder des Arbeiters auch arbeiten, wie dies in Ländern, in denen die Großindustrie, die großen Fabriken florieren, meist der Fall ist, müßte man sagen, daß *die Summe ihrer Löhne* stets durch den Preis der zur Erhaltung der gesamten Familie absolut unerläßlichen Waren bestimmt wird« (*Archives*, I 2, S. 66). Siehe auch *Werke*, I, S. 205-209; Original: *Archives*, VII, S. 349-353. Ebd., V, S. 84; VI, S. 196.

+15 Philister: Spießbürger.

+16 Voltaire, eigentlich François Marie Arouet (1694-1778), französischer Schriftsteller und Philosoph; zentrale Gestalt der französischen Aufklärung, bekämpfte den religiösen Fanatismus.

+17 In seinem Gedicht ›À l'auteur du livre des 'Trois Imposteurs'‹ (1769) schrieb Voltaire: »Wenn die Himmel, seines erhabenen Gepräges beraubt, / Doch nie aufhören könnten, ihn kundzutun, / Wenn Gott nicht existierte, müßte man ihn erfinden.« (Voltaire: Œuvre poétique. Hrsg. von Henri Legrand. Bibliothèque Larousse, Paris 1924, S. 159-160).

+18 Giuseppe Mazzini (1805-1872), italienischer Freiheitskämpfer, Haupt der radikalen Richtung innerhalb der italienischen Einigungsbewegung (Risorgimento).

Wenige Monate nach Abfassung dieses Manuskripts — im Juli 1871 — griff Mazzini in mehreren Artikeln die Pariser Kommune und die Internationale an. Bakunin reagierte darauf mit dem Artikel ›Réponse d'un International à Mazzini‹ (August 1871), dem sich im Dezember 1871 die Broschüre ›L'Internationale et Mazzini. La Théologie politique de Mazzini et l'Internationale‹ anschloß (mit allen dazugehörigen Fragmenten wieder veröffentlicht in *Archives*, I 1). In diesen Arbeiten kritisierte Bakunin ausführlich Mazzinis religiöse Doktrin. So heißt es gleich zu Beginn der ›Réponse‹: »Leider lag dem revolutionären Programm des italienischen Patrioten von Anfang an ein wesentlich falsches Prinzip zugrunde, das zuerst seine kühnsten Anstrengungen und scharfsinnigsten Machenschaften lähmen und fruchtlos machen mußte, um ihn dann früher oder später in die Reihen der Reaktion zu reißen. Es ist das Prinzip eines gleichzeitig metaphysischen und mystischen Idealismus, durchtränkt mit dem patriotischen Ehrgeiz des Staatsmannes. Es ist der Gotteskult, der Kult der göttlichen und menschlichen Autorität [...]. Mazzini wirft uns vor, nicht an Gott zu glauben. Und wir werfen ihm gerade vor, an ihn zu glauben, oder eher, wir werfen es ihm nicht einmal vor, wir bedauern es einfach. Wir bedauern unendlich, daß mystische Gefühle und Ideen sein Bewußtsein, seine Tätigkeit, sein Leben durchdringen und er dadurch gezwungen wurde, gemeinsam mit allen Gegnern der Emanzipation der Volksmassen gegen uns Stellung zu beziehen.« (*Archives*, I 1, S. 3)

+19 Jules Michelet (1798-1874), französischer Historiker.

+20 Edgar Quinet (1803-1875), französischer Politiker und Historiker. 1848-51 Abgeordneter. 1852-70 als Gegner Napoleons III. im Exil. Gegner der Pariser Kommune.

+21 Auguste Comte (1798-1857), französischer Philosoph, Mitbegründer des Positivismus (»philosophie positive«).
Im Anhang des Buches (vgl. Anm. +9) schrieb Bakunin dazu: »Die positive Philosophie hat sich noch nie offen als atheistisch bekannt. Ich weiß sehr wohl, daß der Atheismus in ihrem ganzen System steckt; daß dieses System, das der wirklichen Wissenschaft, wesentlich beruht auf der Permanenz der Naturgesetze, was die Möglichkeit eines Daseins Gottes ausschließt, wie auch die Existenz Gottes die Möglichkeit jener Wissenschaft ausschließen würde.« (*Werke*, I, S. 269; Original: *Archives*, VII, S. 247)

+22 John Stuart Mill (1806-1873), englischer Philosoph und Volkswirtschaftler, Mitbegründer des Positivismus.
Im Anhang des Buches (vgl. Anm. +9) schrieb Bakunin hierüber: »die bedeutendsten Männer wie Buckle, Stuart Mill und Herbert Spencer benützten freudig die Möglichkeit, welche ihnen die positive Philosophie bot, um die Freiheit ihrer wissenschaftlichen Forschungen zu versöhnen mit der religiösen *Heuchelei*, die die englische öffentliche Meinung jedem despotisch aufzwingt, der darauf hält, der ›*Gesellschaft*‹ anzugehören« (*Werke*, I, S. 270; Original: *Archives*, VII, S. 248).

+23 Joseph Marie Comte de Maistre (1753-1821), französischer Politiker und Staatsphilosoph, konservativer Kritiker der Französischen Revolution.

+24 Nikolaus Kopernikus (1473-1543), Astronom, Begründer des heliozentrischen Weltbildes, nach dem sich im Zentrum des Planetensystems nicht — wie bis dahin angenommen — die Erde, sondern die Sonne befindet.
Galileo Galilei (1564-1642), italienischer Mathematiker und Astronom, bekannte sich zu dem von Kopernikus vertretenen heliozentrische Weltbild, mußte 1633 vor einem Inquisitionsgericht der Katholischen Kirche widerrufen.

+25 Nach der Eroberung Ostfrankreichs und der Belagerung von Paris endete der deutsch-französische Krieg 1871 mit der Kapitulation Frankreichs und der Annexion von Elsaß-Lothringen durch das Deutsche Reich.

+26 Diesen ganzen Abschnitt, von »Das Christentum ist gerade die Religion par excellence« (S. 49) bis »in den Gefühlen jedes Priesters etwas Grausames und Blutdürstiges liegt.« (S. 51), entnahm Bakunin sinngemäß seiner Schrift ›Fédéralisme, socialisme et antithéologisme‹, die seinerzeit unveröffentlicht blieb (Fédéralisme, socialisme et antithéologisme, 1867-1868, S. 47-49. In: Bakounine: Œuvres complètes [sur CD-ROM]. Textes préparés à l'Institut international d'Histoire sociale. Edita-KNAW, Amsterdam 2000; dt. Michael Bakunin: Die revolutionäre Frage. Föderalismus, Sozialismus, Antitheologismus. Hrsg. von Wolfgang Eckhardt. Unrast Verlag, Münster 2000, S. 63-66).

In einem aus dem Jahre 1865, also aus den Anfängen seines Aufenthalts in Neapel und Sorrent stammenden Manuskript über die Freimaurerei verwandte Bakunin bereits die Formulierung: »Gott ist, also ist der Mensch ein Sklave. Der Mensch kann und soll frei sein, also gibt es keinen Gott. — Es ist unmöglich, diesem Dilemma zu entgehen« (Fragments d'écrits sur la Franc-Maçonnerie. Fragment E, été-automne 1865, S. 2. In: Bakounine: Œuvres complètes, a.a.O.). In ›Fédéralisme, socialisme et antithéologisme‹, wo diese Passage wieder auftaucht, findet sich auch die Formulierung: »Gott existiert, folglich gibt es keine Naturgesetze, und die Welt ist ein Chaos. Die Welt ist kein Chaos, sie ist in sich geordnet, folglich existiert Gott nicht.« (Bakunin: Die revolutionäre Frage, a.a.O., S. 75; Original: Fédéralisme, socialisme et antithéologisme, a.a.O., S. 53)

+27 Jean-Jacques Rousseau (1712-1778), französisch-schweizerischer Schriftsteller, Philosoph und politischer Theoretiker; trat für ein dogmenfreies Christentum ein.

Maximilien de Robespierre (1758-1794), führender Jakobiner während der Französischen Revolution, errichtete 1793-1794 die Schreckensherrschaft des Wohlfahrtsausschusses. Als Schüler Rousseaus lehnte Robespierre den Atheismus ab; 1794 führte er den Kult des »Höchsten Wesens« ein.

+28 Baruch de Spinoza (1632-1677), Philosoph. Entwickelte pantheistische Vorstellungen, nach denen Gott und die Natur ein unteilbares Ganzes bilden.

+29 Georg Wilhelm Friedrich Hegel (1770-1831), deutscher Philosoph. — In ›L'Internationale et Mazzini‹ (1871) schrieb Bakunin in der Auseinandersetzung mit den religiösen Ideen Mazzinis: »Aber Hegel spricht wenigstens niemals von Gott, er spricht lediglich vom Absoluten, und niemand, dies sei gesagt, hat diesem armen Absoluten so grobe Schläge versetzt wie Hegel selbst; denn in dem Maße, wie er es aufbaute, hat er es durch seine unerbittliche Dialektik wieder zerstört, so daß man ihn, weit mehr noch als Auguste Comte, als den wahren Vater des modernen wissenschaftlichen Atheismus bezeichnen kann. Ludwig Feuerbach, der sympathischste und menschlichste unter den deutschen Denkern, war sein eigentlicher Testamentsvollstrecker« (*Archives*, I 1, S. 42).

+30 Voltaires Satz: siehe vorliegenden Band, S. 42.

+31 Schon zu Beginn seiner öffentlichen Polemik gegen Mazzini, in ›La Situazione Italiana‹ (Oktober 1866), kritisierte Bakunin das Konzept des »Genio virtuoso«, das Mazzini in seinem Buch ›Dei doveri dell'uomo‹ entwickelt hatte. Hierin hieß es: »Ein einziges Privileg ist legitim: das Privileg des Genies, wenn sich das Genie zur Tugend brüderlich verhält; doch ist dies ein von Gott und nicht von den Menschen zugestandenes Privileg; und wenn ihr es erkennt, indem ihr seinen Eingebungen folgt, erkennt ihr es frei nach eurem Urteil, nach eurer Wahl.« (Giuseppe Mazzini: Scritti editi ed inediti. Band 69. Cooperativa tipografico-editrice Paolo Galeati, Imola 1935, S. 66, siehe auch S. 101). Und in ›Dal Concilio a Dio‹ (1870) schrieb er: »Sie mögen eure Propheten und Führer sein in der ermüdenden Wanderschaft der Menschheit, diese Starken, denen Gott das Zeichen des durch die Tugend geheiligten Genies aufgedrückt hat« (ebd., Band 86, Imola 1940, S. 277). Zu Bakunins Kommentaren hierzu siehe vor allem *Archives*, I 1, S. 204-209, sowie Fédéralisme, socialisme et antithéologisme, a.a.O. (Anm. +26), S. 82; dt. Bakunin: Die revolutionäre Frage, a.a.O. (Anm. +26), S. 133-134.

+32 Louis Blanc (1811-1882), französischer Sozialist, 1848 Mitglied der provisorischen Regierung, danach bis 1870 im Exil.
Bakunin schrieb 1871, gegen Mazzini polemisierend: »Vor etwa sieben Jahren, als ich bei Alexander Herzen in London zum letzten Mal Herrn Louis Blanc begegnet bin, hörte ich ihn den selben Gedanken, den selben Wunsch äußern: ›Die beste Regierungsform‹, sagte er mir, ›wäre die, welche die Macht tugendhaften Männern von Genie überträgt.‹ — Ich erwiderte, daß mir diese Form vor allem unrealisierbar erscheine, da tugendhafte Männer von Genie von der Öffentlichkeit, von den Massen im allgemeinen erst nach ihrem Tode als solche erkannt würden; aber auch wenn sie möglich wäre, hielte ich sie für die schlechteste Regierungsform; erstens, weil es genüge, daß ein tugendhafter Mann von Genie einige Zeit an der Macht bleibe, um unweigerlich ein Größtmaß seines Genies und seiner Tugend [im Manuskript: seiner Macht] zu verlieren, denn nichts sei imstande, die Menschen so dumm und schlecht zu machen wie die Macht; folglich müsse man ihn in seinem eigenen Interesse rasch von der Macht vertreiben und ihn durch einen anderen ersetzen, was recht schwierig sein dürfte, tugendhafte Männer von Genie schießen ja nicht wie Pilze aus dem Boden; zweitens, weil kein Volk so vollständig versklavt sei wie jenes, welches sich von genialen und tugendhaften Männern regiert wähnt, auch wenn dies Mazzini mißfalle.

Das käme der globalen Kriecherei gleich, die wir bei den Mormonen schon so lange Zeit gesehen haben, da sie sich ja von ihrem Propheten Brigham Young regieren lassen. Ich glaube an das Genie, ich glaube an die Tugend, vorausgesetzt, das eine wie das andere bleibt in einer seiner Entwicklung förderlichen Umgebung; und die dem Genie förderliche Umgebung ist diejenige, die sich der Kontrolle und der Kritik aller Welt aussetzt und die ihm keine andere Macht als die überläßt, die auf seinem natürlichen und niemals offiziellen Einfluß beruht. Was die menschliche Tugend betrifft, so kann sie sich nur durch die Freiheit und in der Gleichheit aller entwickeln und wachsen. Das sind Bedingungen, die mit denen von der Macht geschaffenen absolut unvereinbar sind. Da es gefährlich und unmöglich ist, sich von genialen und tugendhaften Männern regieren zu lassen, und da es absurd wäre, dummen und lasterhaften Menschen zu gehorchen, folgere ich daraus, daß man sich von niemanden regieren lassen darf, daß man Regierungen und Staaten abschaffen muß.« (*Archives*, I 1, S. 193)

+33 Im Gegensatz zu den übrigen Regenten Europas, die sich als Herrscher »von Gottes Gnaden« bezeichneten, führte Napoleon III. den Titel »Kaiser der Franzosen von Gottes Gnaden und durch den Willen des Volkes«.

+34 Bakunin lernte Mazzini in London in den Jahren 1862-1863 durch Alexander Herzen kennen. Als sich Bakunin 1864 nach Italien begab, hatte Mazzini einigen seiner Freunde Bakunins baldiges Eintreffen angekündigt; in einem Brief an Giuseppe Dolfi in Florenz schrieb er am 13. November 1863: »Ich empfehle Ihnen unseren Bakunin, dessen Name von den Demokraten der ganzen Welt geehrt wird.« (*Archives*, I 1, S. XV)

+35 Giuseppe Garibaldi (1807-1882), italienischer Freiheitskämpfer.

+36 Otto Fürst von Bismarck (1815-1898), preußischer Politiker und Diplomat, ab 1862 preußischer Ministerpräsident, 1871-1890 deutscher Reichskanzler. Arrangierte den Ausbruch des deutsch-französischen Krieges, stellte 1871 auf der Grundlage der preußischen Militärmonarchie die deutsche Reichseinheit her.
Helmuth Graf von Moltke (1800-1891), preußischer Generalfeldmarschall, Chef des Generalstabs während des deutsch-französischen Krieges 1870/71.
Edwin Freiherr von Manteuffel (1809-1885), preußischer Generalfeldmarschall, kommandierte während des deutsch-französischen Krieges verschiedene Armeeteile; 1871-1873 Kommandeur des deutschen Besatzungsheeres in Frankreich.

August Graf von Werder (1808-1887), preußischer General; im deutsch-französischen Krieg leitete er 1870 die Belagerung von Straßburg.

+37 Eugène Rouher (1814-1884), einflußreichster Politiker unter Napoleon III.; 1849 Ernennung zum Justizminister, 1855 Minister für Handel, Landwirtschaft und öffentliche Arbeiten, 1863 Staatsminister, 1869 Präsident des Senats.

Achille Bazaine (1811-1888), französischer Marschall. Kommandierte 1863-67 die französischen Truppen in Mexiko, im deutsch-französischen Krieg von 1870/71 die Rheinarmee; wegen seiner Kapitulation in Metz (Oktober 1870) wurde er 1873 zum Tode verurteilt, dann zu zwanzigjähriger Haft begnadigt. Er starb in Madrid.

Emile-Félix Fleury (1815-1884), französischer General und Diplomat. 1861 Ernennung zum Adjutanten von Napoleon III., 1867 Botschafter in Rußland.

Joseph-Marie Piétri (1820-1902), französischer Politiker. 1866-1870 Polizeipräfekt von Paris.

+38 Bernard-Adolphe Granier de Cassagnac (1806-1880), französischer Publizist und Politiker. 1863 wurde er Chefredakteur von ›La Nation‹, 1866 von ›Le Pays‹.

Emile de Girardin (1806-1881), französischer Publizist und Politiker, leitete unter anderem die Blätter ›La Presse‹ (1836-1856 und 1862-1866) und ›La Liberté‹ (1866-1870); revolutionierte das französische Zeitungswesen. 1850-1851 Abgeordneter der Nationalversammlung. Im Laufe seines Lebens engagierte er sich für verschiedene politische Richtungen. Bakunin widmete ihm in ›L'Empire knouto-germanique et la Révolution sociale‹ eine umfangreiche Fußnote, in der es unter anderem heißt: »Niemand verkörpert besser die politische und soziale Sittlichkeit der gegenwärtigen Bourgeoisie als Herr Emile de Girardin. [...] Dem Journalismus verdankt er sein ganzes Vermögen; und man wird durch die Presse nicht reich, wenn man ehrlich derselben Überzeugung und derselben Fahne treu bleibt. Niemand hat auch noch die Kunst, seine Überzeugungen und seine Fahne geschickt und zeitig genug zu wechseln, so hoch entwickelt wie er. Er war nacheinander Orleanist, Republikaner, Bonapartist, und er wäre Legitimist oder Kommunist geworden, wenn es nötig geworden wäre.« (*Werke*, I, S. 54; Original: *Archives*, VII, S. 49)

Clément Duvernois (1836-1879), französischer Politiker und Publizist. 1864 wurde er Chefredakteur des ›Courrier de Paris‹, 1868 von ›Le Peuple‹. 1870 Minister für Handel und Landwirtschaft.

Louis Veuillot (1813-1883), französischer Publizist, Chefredakteur des ›L'Univers‹, Wortführer des Ultramontanismus (Politik der Unterordnung des Staates unter die katholischen Kirche und das Papsttum).
Urbaine-Jean-Joseph Le Verrier (1811-1877), berühmter Astronom, entdeckte den Planeten Neptun, Senator unter Napoleon III.; war für seine klerikalen Neigungen bekannt.
Jean-Baptiste Dumas (1800-1884), berühmter Chemiker, 1850 Wirtschafts- und Landwirtschaftsminister, Senator unter Napoleon III.

+39 François Guizot (1787-1874), französischer Historiker und Politiker, bestimmte ab 1840 die französische Außen- und Innenpolitik unter König Louis-Philippe; durch die Februarrevolution 1848 gestürzt.
Adolphe Thiers (1797-1877), französischer Politiker und Historiker. 1836 und 1840 Ministerpräsident, 1848-51 Abgeordneter der Nationalversammlung. 1871-73 Präsident der Dritten Republik, leitete die Niederschlagung der Pariser Kommune.
Jules Favre (1809-1880), französischer Politiker. 1848-1851 Abgeordneter der Nationalversammlung, 1870/71 Außenminister in der Regierung der Nationalen Verteidigung und im Kabinett Thiers, führte am Ende des deutsch-französischen Krieges 1871 die Verhandlungen über die Kapitulation von Paris und den Friedensschluß mit dem Deutschen Reich.
Eugène Pelletan (1813-1884), französischer Publizist und Politiker. 1868 wurde er Chefredakteur der ›Tribune‹, 1871 Bildungsminister in der Regierung der Nationalen Verteidigung.
Jules Simon (1814-1896), französischer Politiker und Philosoph. 1839 wurde er Professor an der Pariser Universität Sorbonne, 1848 Abgeordneter in der Nationalversammlung, 1870 Mitglied der Regierung der Nationalen Verteidigung. 1876-77 amtierte er als Ministerpräsident. Als Philosoph (Schüler Victor Cousins) vertrat er einen religiösen Spiritualismus.

+40 Michail Nikolaevič Murav'ev (Murawjow) (1796-1866), russischer General. 1863-1865 Generalgouverneur von Wilna. Während des polnischen Aufstands 1863 erhielt er den Beinamen »Henker Polens«.
Fedor Fedorovič Berg (1794-1874), russischer Feldmarschall. 1863-1874 Statthalter und Oberbefehlshaber der russischen Truppen in Polen. Schlug den polnischen Aufstand von 1863 nieder.

+41 Im zweiten Teil des ›Faust‹ läßt Goethe Fausts Famulus Wagner einen künstlichen Menschen schaffen.

+42 Hekatombe: große Anzahl.

+43 Siehe den 1. Brief des Paulus an die Korinther, vor allem 1, 17-25.

+44 Konzil von Nicäa (325 n.u.Z.).

+45 Lucilio Vanini (1684-1619) und Giordano Bruno (1548-1600), italienische Philosophen. Beide wurden von einem Inquisitionsgericht zum Tode verurteilt und als Ketzer verbrannt.

+46 Der Schreckensherrschaft des von Robespierre dominierten Wohlfahrtsausschusses fielen sowohl Radikale wie Jacques René Hébert (1757-1794) und seine Anhänger (Hébertisten), die atheistische Ansichten vertreten hatten, zum Opfer (März 1794) als auch im April 1794 die gemäßigtere Gruppe um Georges Danton (1759-1794).

+47 Napoleon Bonaparte (1769-1821), 1799 Erster Konsul, 1804 französischer Kaiser (»Napoleon I.«).

+48 François René Vicomte de Chateaubriand (1768-1848), französischer Schriftsteller und Politiker. Zunächst Diplomat, 1822 Außenminister. In seinem Hauptwerk ›Le génie du Christianisme‹ (1802) formulierte er eine gegen die Aufklärung gerichtete Verteidigung des Christentums.

Alphonse de Lamartine (1790-1869), französischer Schriftsteller, wurde durch seine religiösen Gedichte bekannt. 1833 Abgeordneter, 1848 Haupt der provisorischen Regierung nach der Februarrevolution.

Victor Hugo (1802-1885), französischer Schriftsteller, Wortführer der französischen Romantik. 1848 demokratischer Abgeordneter, 1851-1870 als Gegner Napoleons III. im Exil.

+49 Kohorte: römische Truppeneinheit.

+50 August Wilhelm von Schlegel (1767-1845) und Friedrich von Schlegel (1772-1829), deutsche Schriftsteller und Literaturwissenschaftler. 1798-1800 gemeinsam Herausgeber der die frühromantische Schule begründenden Zeitschrift ›Athenäum‹ in Jena. Friedrich von Schlegel näherte sich später der Mystik und konvertierte 1808 zum Katholizismus. Im selben Jahr begann seine Beamtenkarriere am österreichischen Hof in Wien.

Ludwig Tieck (1773-1853), deutscher Schriftsteller der Romantik, Mitbegründer der literarischen Gattung der Novelle. Gegner der Revolution von 1848.

Novalis, eigentlich Friedrich Freiherr von Hardenberg (1772-1801), bedeutendster Dichter der Frühromantik in Deutschland. In seiner geschichtsphilosophischen Programmschrift ›Das Christentum oder Europa‹ (1799) tritt er für eine Erneuerung der Welt auf der Basis eines universalen Christentums ein.

Zacharias Werner (1768-1823), wichtiger Dramatiker der deutschen Romantik. Fühlte sich zunehmend von der Mystik angezogen, konvertierte schließlich im Jahre 1810 zum Katholizismus, wurde Priester und schwor seinen frühen Werken ab.
Friedrich Wilhelm von Schelling (1775-1854), deutscher Philosoph. Wurde 1841 als Gegengewicht zum Linkshegelianismus an die Berliner Universität berufen, wo auch Bakunin seine Vorlesungen besuchte.

+51 1801 Konkordat mit Papst Pius VII.

+52 Manna: in der Bibel durch ein Wunder vom Himmel fallende Nahrung.

+53 Nach militärischen Niederlagen mußte Napoleon I. 1814 und endgültig 1815 abdanken. Danach kehrte mit Ludwig XVIII. wieder ein Bourbone auf den Thron zurück.

+54 Denis Diderot (1713-1784), französischer Schriftsteller und Philosoph, Herausgeber der ›Encyclopédie‹, die den Widerstand von Kirche und Staat herausforderte. Näherte sich teilweise atheistischen Positionen.

+55 Pierre Jean de Béranger (1780-1857), französischer Dichter. Veröffentlichte mit großem Erfolg politische Chansons, die sich gegen Adel und Klerus richteten.
Paul-Louis Courier de Méré (1772-1825), französischer Schriftsteller, bekannt für seine Flugschriften gegen Monarchie und Kirche.

+56 George Gordon Noel Lord Byron (1788-1824), bedeutendster Dichter der englischen Romantik.

+57 Nach der französischen Juli-Revolution 1830 dankte der letzte Bourbonenkönig Karl X. ab. Der nun folgende »Bürgerkönig« Louis-Philippe stützte seine Regierung vor allem auf das liberale Großbürgertum.

+58 ›Le bourgeois gentilhomme‹ (›Der Bürger als Edelmann‹), Komödie von Molière (1622-1673).

+59 Chassepot: Gewehr der französischen Infanterie.

+60 Ulysses Simpson Grant, 1869-1877 18. Präsident der USA.

+61 Es folgt Bakunins Darstellung der Entstehungsgeschichte der eklektischen Philosophie Victor Cousins, die in dreizehn immer längeren numerierten Abschnitten ausführlich resümiert wird, mit gelegentlichen kritischen Bemerkungen (*Werke*, I, S. 148-172), vgl. Avrich in vorliegendem Band, S. 28, und Nettlau in vorliegendem Band, S. 132.

+62 Kosmogonie: Theorie über die Entstehung der Welt.

+63 Cafiero war an der Abfassung des Textes wohl nur nominell beteiligt, vgl. vorliegenden Band, S. 13, und Nettlau, S. 131.

+64 Nimbus: Ansehen, Ruhm.
+65 »kaptivi(e)renden«: für sich einnehmenden.
+66 Gemeint sind Bakunins Äußerungen über die Beziehungen und das Naturell der Völker Europas (z.B. über »Slawen und Deutsche, Deutsche und Franzosen, Polen und Russen etc.« siehe Anfang des Absatzes).
+67 Dt. auszugsweise in *Unterhaltungen mit Bakunin,* S. 3-7.
+68 Wieder veröffentlicht in *Archives,* I 2, S. 235-255.
+69 Dt. auszugsweise im *Briefwechsel,* S. 314-322.
+70 Dt. Michail Bakunin: Die Berner Bären und der Bär von Petersburg. Verlag Die Arche, Zürich 1970.
+71 Dt. Bakunin: Die revolutionäre Frage, a.a.O. (Anm. +26).
+72 Während des deutsch-französischen Krieges 1870/71.
+73 Dt. *Briefwechsel,* S. 241-242.
+74 »Die Bourgeois sind mir verhaßt. Sie sind ebenso grausam wie dumm ... Auf ihre niederträchtigen Verleumdungen werde ich mit einem schönen kleinen Buch antworten, in dem ich alle Dinge und Personen beim Namen nennen werde.«
+75 Dt. *Werke,* I, S. 5-88.
+76 Alle im Umkreis dieses Werkes erhaltenen Manuskripte wurden in *Archives,* VII, veröffentlicht.
+77 »Abends, beginne wieder mit Broschüre ab dem Gedruckten.«
+78 Dt. *Werke,* I, S. 89-93.
+79 Dt. *Werke,* I, S. 148-172 und 172-199.
+80 Kollation: Textvergleich mit der Urschrift.
+81 Nach dieser Vorlage ins Deutsche übersetzt in *Werke,* I, S. 94-148.
+82 »alles in allem 5 Francs«
+83 »bleiben 5 Centimes übrig«
+84 »Broschüre, vom Fußsteig zur Landstraße ... «
+85 »Broschüre wenig, aber wohlüberlegt. Fiktion zu erörtern.«
+86 »Broschüre-Buch«
+87 Dt. *Werke,* II, S. 267-281.
+88 Dt. Michael Bakunin: Schrift gegen Marx (fragmentarische Folge des ›Knutogermanischen Kaiserreichs‹). Verlag Die Freie Gesellschaft, Hannover 1981.
+89 Dt. *Werke,* II, S. 174-225.
+90 Band VII der *Œuvres* ist nicht mehr erschienen; die Schrift wurde mit allen im Umkreis erhaltenen Manuskripten veröffentlicht in *Archives,* I 1.
+91 Veröffentlicht in *Archives,* II, S. 3-85.
+92 Dt. Bakunin: Ausgewählte Schriften, Band 4, a.a.O. (Anm. +14).
+93 Dt. *Briefwechsel,* S. 271.

+94 »wenn ich noch ein wenig zu Kräften komme, möchte ich eine Ethik schreiben, die auf den Grundlagen des Kollektivismus aufbaut, ohne philosophische und religiöse Phrasen.« (*Unterhaltungen mit Bakunin*, S. 389)

+95 »Die Hälfte der Zeit, die ich noch zu leben habe, würde ich hergeben, dürfte ich noch zwei Bücher schreiben, das eine über Ihre Revolution, die von 1789, das andere über die religiöse Frage, gegen die Anhänger Comtes, gegen die Materialisten à la Moleschott, die Verfechter des *Göttlichen* gegen Gott, die *Dilettanten* wie Renan, die Künstler der *Brutalität* wie Taine, die *Proudhonisten* usw.«

+96 Die Ausgabe von ›Gott und der Staat‹ aus dem Jahre 1919, in der sich dieses Vorwort von Nettlau befindet, erschien als 2. Heft der von Carl Grünberg herausgegebenen Reihe ›Hauptwerke des Sozialismus und der Sozialpolitik‹.

+97 Siehe vorliegenden Band, S. 115-119.

+98 »ein Fragment eines Briefes oder Berichts«, siehe vorliegenden Band, S. 116.

DIEU ET L'ÉTAT

PAR

Michel BAKOUNINE

GENÈVE
IMPRIMERIE JURASSIENNE

1882

Innentitel der französischen Erstausgabe von ›Gott und der Staat‹

Textnachweise

Paul Avrich: Einleitung

Michael Bakunin: God and the State. With a New Introduction and Index of Persons by Paul Avrich. Dover Publications, New York 1970, S. V-XII.

Im Einvernehmen mit Paul Avrich wurden dem Text deutschsprachige Quellennachweise hinzugefügt.

Gott und der Staat

Werke, I, S. 94-147 (Übersetzung von Erwin Rholfs nach *Œuvres,* III, S. 18-131).

Die Übersetzung von Rholfs wurde an einzelnen Stellen mit *Archives*, VII, verglichen.

Anhang

1 Michel Bakounine: Dieu et l'État. Imprimerie jurassienne, Genf 1882, S. III-VII. Übersetzung von Brigitta Restorff.

2 Michael Bakunin: Gott und der Staat. (Dieu et l'état) (Auszüge.) Ein Wort zum Austritt aus der Landeskirche. Herausgeber: Albert Brock. Druck und Verlag W. Werner, Berlin o.J. [1893], S. 3-5.
Der Text erschien zuerst in: Der Sozialist. Organ aller Revolutionäre, Berlin, 3. Jg., Nr. 38, 16. September 1893, S. 1. Die Fußnote (siehe vorliegenden Band, S. 121) lautete dort: »Wir erinnern hier an die seiner Zeit im ›Sozialist‹ erschienenen Auszüge aus ›Gott und der Staat‹ von Bakunin« (vgl. auch vorliegenden Band, S. 14).

3 Michael Bakunin: Gott und der Staat. Nach dem Manuskript von 1871 neu übersetzt und eingeleitet von Max Nettlau. Verlag von C. L. Hirschfeld, Leipzig 1919, S. 1-11. (Hauptwerke des Sozialismus und der Sozialpolitik. Neue Folge. Hrsg. von Carl Grünberg, 2. Heft. Der gesamten Reihe XII. Heft).
In den Anmerkungen wurden für die abgekürzten Quellennachweise die auf S. 18 angeführten Abkürzungen verwendet.

Anmerkungen

Einem Teil der Anmerkungen liegen Informationen aus verschiedenen Bänden der *Archives* zugrunde, insbesondere Anm. +3, +7, +14, +17, +26, +29, +31, +32, +34, +38 und +40 (vor allem aus *Archives*, VII).

Register

Berücksichtigt werden Personen und PERIODIKA.
Bei *kursiven Seitenzahlen* werden biographische Hinweise gegeben.

Michael Bakunin
AUSGEWÄHLTE SCHRIFTEN
Herausgegeben von Wolfgang Eckhardt

Band 1:

Gott und der Staat

Bakunins grundlegender Text mit einer Einleitung von Paul Avrich (Erstübersetzung aus dem Amerikanischen). Im Anhang Dokumente zur Editionsgeschichte, unter anderem von Elisée Reclus und Max Nettlau. »Diese Schrift hat auch dadurch wesentliche Bedeutung gewonnen, daß sie die am meisten verbreitete und übersetzte Schrift Bakunins ist ... Sie ist, obgleich sie sich äußerlich ›nur‹ auf die Religion bezieht, mehr als eine andere für den Glauben an Autorität irgendwelcher Art vernichtend. Wer ihre ... Lektüre auf sich wirken läßt, wird keiner speziellen Belehrung bedürfen, um einen autoritären Sozialismus, ein autoritäres politisches System unerträglich zu finden.« (Max Nettlau, 1919)

160 Seiten / ISBN 978-3-87956-222-0

Band 2:

»Barrikadenwetter« und »Revolutionshimmel« Artikel in der ›Dresdner Zeitung‹

Bakunins Aufsätze und Pamphlete in der radikaldemokratischen ›Dresdner Zeitung‹ — am Vorabend der Mairevolution in Dresden 1849. Mit einer Einleitung von Boris Nikolaevskij.

192 Seiten / ISBN 978-3-87956-223-7

Michael Bakunin
AUSGEWÄHLTE SCHRIFTEN

Herausgegeben von Wolfgang Eckhardt

Band 3:

Russische Zustände

Bakunins Broschüre ›Russische Zustände‹ existiert heute weltweit nur noch in wenigen Exemplaren; sie erscheint hier erstmals seit 1849 wieder im deutschen Originalwortlaut. Die Tage des Zaren sind gezählt, prophezeit Bakunin darin, Widerstand wird zur Pflicht. Denn: »Wo das Bestehende eine wohl organisierte Unsittlichkeit ist, da ist jede Empörung eine sittliche Tat«. Mit einer Einleitung von Boris Nikolaevskij.

144 Seiten / ISBN 978-3-87956-231-2

Band 4:

Staatlichkeit und Anarchie

In der Auseinandersetzung mit den etatistischen Ideen von Marx wie von Bismarck entwickelt Bakunin in seinen späten russischen Schriften seine Vorstellung der Anarchie. »Das sind die Überzeugungen der sozialen Revolutionäre, und deshalb nennt man uns Anarchisten. Wir protestieren nicht gegen diese Bezeichnung, denn wir sind in der Tat Feinde jeglicher Macht, weil wir wissen, daß Macht ebenso zersetzend auf den wirkt, der sie hat, wie auf den, der ihr gehorchen muß.«
Mit einer Einleitung des Herausgebers und dem Vorwort zur deutschen Erstausgabe von Hansjörg Viesel im Anhang.

555 Seiten / ISBN 978-3-87956-319-7

Michael Bakunin
AUSGEWÄHLTE SCHRIFTEN
Herausgegeben von Wolfgang Eckhardt

Band 5:

Konflikt mit Marx
Teil 1: Texte und Briefe bis 1870

Der Konflikt zwischen Marx und Bakunin markiert ein entscheidendes Ereignis in der radikalen Ideengeschichte: Die Parteipolitik trennt sich von emanzipatorischen Basisbewegungen. In der Ersten Internationale (1864-1877) wurde dieser Konflikt erstmals ausgetragen: Die föderalistisch und pluralistisch orientierten Landesföderationen der Internationale wurden sich der Differenz zu jenen Strömungen bewußt, die auf die Gründung nationaler Arbeiterparteien setzten. Die unterschiedlichen Richtungen fanden in Bakunin und Marx ihre stärksten Exponenten. Ihre Ideendifferenz wirkt bis heute fort.

Die Edition vermeidet die konzeptionelle Einseitigkeit früherer Darstellungen: Statt der Fixierung auf eine der beiden Konfliktparteien wird vielmehr versucht, mit dem Abdruck der Beiträge und Stellungnahmen beider Seiten die ursprüngliche Debatte zu rekonstruieren. Zudem werden erstmals alle relevanten Archivalien berücksichtigt, die noch bis zum Ende der Sowjetunion unzugänglich in Moskauer Parteiarchiven lagerten. So wird ein neuer Forschungsstand erreicht, der Kontext, Hintergründe und Auswirkungen des Konflikts zwischen Marx und Bakunin erstmals im Detail erkennen läßt.

235 Seiten / ISBN 978-3-87956-288-6